余映潮
给语文教师的
80条建议

余映潮 / 著

中国人民大学出版社
·北京·

**图书在版编目（CIP）数据**

余映潮给语文教师的 80 条建议／余映潮著．－－北京：
中国人民大学出版社，2022.1
ISBN 978－7－300－30108－2

Ⅰ.① 余… Ⅱ.① 余… Ⅲ.① 语文课—教学研究—中
小学 Ⅳ.① G633.302

中国版本图书馆 CIP 数据核字（2022）第 000158 号

余映潮给语义教帅的 80 条建议

余映潮 著

Yu Yingchao Gei Yuwen Jiaoshi de 80 Tiao Jianyi

| | | | | |
|---|---|---|---|---|
| **出版发行** | 中国人民大学出版社 | | | |
| **社 址** | 北京中关村大街 31 号 | | **邮政编码** | 100080 |
| **电 话** | 010－62511242（总编室） | | 010－62511770（质管部） | |
| | 010－82501766（邮购部） | | 010－62514148（门市部） | |
| | 010－62515195（发行公司） | | 010－62515275（盗版举报） | |
| **网 址** | http://www.crup.com.cn | | | |
| **经 销** | 新华书店 | | | |
| **印 刷** | 北京华宇信诺印刷有限公司 | | | |
| **规 格** | 168 mm × 239 mm 16 开本 | | **版 次** | 2022 年 1 月第 1 版 |
| **印 张** | 15.5 插页 1 | | **印 次** | 2022 年 8 月第 2 次印刷 |
| **字 数** | 250 000 | | **定 价** | 68.00 元 |

版权所有 侵权必究 印装差错 负责调换

## 第三章　　细化教材研读

## 第四章　　苦练教学本领

# 第五章　创新阅读教学

# 第六章　体味好课设计

## 第七章　　用好统编教材

## 第八章　　探索作文教学

# 做一位智慧的语文教师

每一位语文教师都应该追求"做智慧的语文教师"的高尚境界。

重视提升教学素养的自我训练，能够让我们在漫长的工作岁月里上下求索。

坚持的力量能让丑小鸭华丽地转身，但一定先要有理想的高度。

有效地提高自己的教学教研能力，做一位智慧的语文教师，应该是每一位有责任心的语文教师的追求，应该是每一位优秀青年语文教师的追求。

这种追求的价值在于让自己拥有智慧，富有实力，进而有益于工作，有益于学生。

## 耐力是一种智慧

耐力能表现一个人对人生与事业之路坚持跋涉的发展观。

要成为优秀的教师，一定要有坚持力。一天又一天，一年又一年，从小处做起，坚持学习、工作、创造；万难不屈，发展自己。这就是智慧。

有了耐力，就有了成长力。耐力这种优秀品质，并不是每个人都具备的。这种智慧，就是保持追求奋斗目标的持久性和忍耐性，让自己具备走向成功的坚强意志，让自己在漫长的修炼中成为能手，成为名师，成为专家。

# 苦练基本功是一种智慧

苦练基本功这种智慧应当非常鲜明地表现在青年语文教师的身上。

教师在参加工作之前或刚刚参加工作时，就把自身的修炼放到苦练基本功上，抓紧时间夯实基础，积累经验，谋求发展，无疑是非常聪明的做法。就像我对一位年轻的优秀语文教师说的那样：

作为年轻的语文教师，在教学研究的入门处如果能有一段相当长的时间用于积累资料、提炼经验，可能于一生的教学研究都有好处。那种笔墨写的文字固然能够长久地保存，然而更重要的是那种刻骨铭心的咬牙坚持的历练，是那种板凳要坐十年冷的精神与行为的体会，是那种在教学研究中朝迎彩霞、夜送星辰、日有收获的幸福与愉悦。

那么，青年语文教师需要苦练哪些基本功呢？

一练研读教材的基本功。

二练处理教材、设计阅读教学、实施阅读教学的基本功。

三练积累范文、精细提炼、准确点拨的作文教学基本功。

四练分析试题、提炼考点、指导学生复习备考的基本功。

五练语言表达与文字表达的基本功。

边工作，边学习，边训练自己。每天做一点儿，久而久之，必有质的飞跃。

# 积累是一种智慧

积累既能表现出耐力，又能表现出学习方法。善于积累的教师是思想活跃、关注自身发展的教师。

积累在于目标，在于有兴趣。

语文教师的积累重在知识，一切有利于语文教师充实与发展自己的好材料，一切有利于语文读写教学的好材料，都在积累之列。

积累的方法很简单：分类集中，细水长流，日积月累。

## 学问是一种智慧

学问表现的是教师的专业水平和个体素养。

没有学问的人不能被称为教师，学问浅薄的人无法成为优秀的教师。能胜任教师工作的基本前提，是学养的深厚广博。

语文教师的学问主要表现在两个方面：一是有深厚的专业功底，这需要勤奋的积累；二是有做学问的科学方法，这需要恒久的钻研。

语文教师的专业水平，集中表现在两个方面：一是文学方面的专业水平，二是文言诗文方面的专业水平。文学与文言是语文教师专业水平层面的制高点。

## 提高技能是一种智慧

提高技能既能表现教师的教学水平，又能表现教师的教学艺术。

教学需要技能，需要艺术。

优秀教师的发展，需要经过三重境界的历练：一是教学技能境界，二是教学艺术境界，三是学术研究境界。

凡是与教师的课堂教学操作有关的行为都可以称为"教学技能"。所谓"教学素养"，除了教师知识层面的因素之外，主要表现为教师的课堂教学技能。

从"教学"二字来看，创意优美、角度新颖、细节生动、手法巧妙、激情益趣、学生活动充分、课堂积累丰富的设计技巧与教学技巧就是教学艺术。

上述境界的教学艺术，表现出来就是美好的教学智慧。

## 学习方法是一种智慧

教师常常给学生讲授学习的方法，而教师自己却很少研究作为教师应该掌握的基本学法，这是一种很值得深思的教研现象。

不崇尚治学的教师，永远无法出类拔萃。

教师的学习方法中有一种极具学术价值的方法，就是"向智慧的人借智慧"，向比自己聪明的人学习，向专家学习，特别是把专业的学术刊物作为积累学问、发展技能的首选。

学术刊物能够给我们以"智慧"，还能给我们以"时间"。之所以给我们以"智慧"，是因为它们的学术内涵；之所以给我们以"时间"，是因为它们帮我们节约了我们苦思冥想的时间。

磨炼的深度与广度决定你的高度。在专业水平和教学艺术上追求高度的人，就是奋斗方向正确的人。

本书如同《余映潮语文教学设计技法80讲》一样，也是我在《语文教学通讯》（B刊）上历时8年的专栏共80篇文章的集结。它特别突现了对语文教师在提升专业素养和教学能力方面的"自我训练"指导，可以说其中的每一篇文章都力求进行精致的写作，既惜墨如金，又追求容量，诚望能给一线语文教师带来一点儿有益的启示。

在本书出版之际，我特别感谢《语文教学通讯》（B刊）主编彭笠老师多年来对我的关注与支持，以及多年来对我的这些文章的修正与润色。编辑老师们辛勤而富有智慧的劳动，同样给一线语文教师带来了教学智慧方面的和暖春风与明媚阳光。

中小学语文教学需要越来越多优秀与智慧的语文教师，我愿意与各位同人携手共进。

余映潮
2021 年 5 月 26 日于武汉映日斋

第一章

把握治学方法

# *1.* 新课标论及的"语文教师"和"语文教学"

要探讨课程改革背景下语文教师的综合素养提升与训练问题,首先要关注教育部颁布的 2022 年版《义务教育语文课程标准》(后文简称"新课标")。这份文件高瞻远瞩、内涵丰美,是确保义务教育阶段中小学语文教学质量最重要的依据,有很多指令性的要求需要我们执行、落实。

下面我们来体味新课标所论及的"语文教师"和"语文教学"的有关内容。

第一,新课标定位了语文课程的性质:

语文课程是一门学习国家通用语言文字运用的综合性、实践性课程。工具性与人文性的统一,是语文课程的基本特点。语文课程应引导学生热爱国家通用语言文字,在真实的语言运用情境中,通过积极的语言实践,积累语言经验,体会语言文字的特点和运用规律,培养语言文字运用能力;同时,发展思维能力,提升思维品质,形成自觉的审美意识,培养高雅的审美情趣,积淀丰厚的文化底蕴,继承和弘扬中华优秀传统文化、革命文化、社会主义先进文化,增强对习近平新时代中国特色社会主义思想的理解和认识,全面提升核心素养。

"语文课程是一门学习国家通用语言文字运用的综合性、实践性课程",这句话开宗明义,指向明确,极有意义。它准确地定义了语文课程的性质与根本任务,有力地指导我们要回归语文教学的真谛。

第二,新课标对教师的综合素养提出了很高的要求:

教师要准确理解义务教育语文课程的基本理念,把握学生核心素养发展的基本规律,根据课程目标、课程内容和学业质量的要求,创造性地开展语文教学,充分发挥语文学科独特的育人功能。

这一段话言简意赅但非常有分量,处处都是对语文教师教学理念与教学素养的高标准、严要求。其中"准确理解义务教育语文课程的基本理念"的要求,"把握学生核心素养发展的基本规律"的强调,以及"创造性地开展语文教学"的指令，既表现出对提高教师专业水平的重视，又表现出对教师如何有效地提高业务水准的指导，同时也是对忽视教师的引领与指导作用、要求教师统一使用粗浅呆板教学模式做法的警示。

第三，新课标反复强调教师在教学中的指导作用：

教师应理解核心素养的内涵，全面把握语文教学的育人价值，突出文以载道、以文化人。把立德树人作为语文教学的根本任务，清晰、明确地体现教学目标的育人立意。

教师应充分认识语文课程工具性与人文性是统一的，从培养核心素养出发，把握四个方面整体交融的特点，设定教学目标时既有所侧重，又融为一体。

教师要明确学习任务群的定位和功能，准确理解每个学习任务群的学习内容和教学提示。

教师应利用无时不有、无处不在的语文学习资源与实践机会，引导学生关注家庭生活、校园生活、社会生活等相关经验，增强在各种场合学语文、用语文的意识。

教师要关注互联网时代日常生活中语言文字运用的新现象和新特点，认识信息技术对学生阅读和表达交流等带来的深刻影响，把握信息技术与语文教学深度融合的趋势，充分发挥信息技术在语文教学变革中的价值和功能。

教师要关注学生知识基础、认知过程、思维方式、态度情感等方面的表现，深入分析这些表现及其影响因素，及时给予有针对性的指导。

教师要以促进学生核心素养发展为出发点和落脚点，精心设计作业，做到用词准确、表述规范、要求明确、难度适宜。

……………

以上内容，高频率地使用"教师要"三个字，多角度地指出教师在教书育人中的主导作用，表现教育主管部门对教师在语文教学中提高教学素养的高度重视与关注。

第四，新课标从"学业质量"与"课程评价"的角度指出了教师的质量意识。比如：

义务教育语文课程评价要有利于促进学生学习，改进教师教学，全面落实语文课程目标。课程评价应准确反映学生的语文学习水平和学习状况，注重考查学生的语言文字运用能力、思维过程、审美情趣和价值立场，关注学生学习过程和学习进步。根据不同年龄学生的学习特点和不同学段的学习目标，选用恰当的评价方式，抓住关键，突出重点，加强语文课程评价的整体性和综合性。

　　…………

　　这就告诉我们，日常教学中要确保对每位学生的有效训练；每位语文教师的教学质量，都要经得起评价与考查。

　　上述四个方面的内容，深刻地告诉我们："不断提高自身的综合素养"这一要求，对每位语文教师而言，永远都是神圣的艰苦的任务。

# 2. 理性思考语文教学

做一名称职的、优秀的语文教师，需要理性思考什么是语文教学。这种思考需要分析、提炼与概括，能够让我们明辨是非，把握分寸，远离粗俗，崇尚高雅，真正提高语文教学的质量。

什么是语文教学？我们需要思考、知晓如下关键内容。

（1）语文教学的重要任务是训练学生学习语言、打下基础。

语文课程的性质是：

学习国家通用语言文字运用的综合性、实践性课程。

语文教学的任务是：

致力于全体学生核心素养的形成与发展，为学生学好其他课程打下基础；为学生形成正确的世界观、人生观、价值观，形成良好个性和健全人格打下基础；为培养学生求真创新的精神、实践能力和合作交流能力，促进德智体美劳全面发展及学生的终身发展打下基础。

"学习语言""打下基础"，非常简洁、深刻地点示了语文教学最重要的任务，告诫我们语文教学要务实，过程要扎实，教学内容要落实，要让所有学生都能形成自己的语文核心素养。

（2）语文教学活动要着眼于学生的"实践"。

新课标指出：

义务教育语文课程围绕立德树人根本任务，充分发挥其独特的育人功能和奠基作用，以促进学生核心素养发展为目的，以识字与写字、阅读与鉴赏、表达与交流、梳理与探究等语文实践活动为主线，综合构建素养型课程目标体系。

在新课标中，"实践"一词出现了三十几次，表现出一种超乎寻常的强调。

由此可知，让学生在大量的经过精心设计的语文实践活动中逐步掌握、运用语文的规律，是新课标的核心理念之一。

为了达到这种要求，我们的课堂教学需要有脱胎换骨的改变。从理念到手法，从教案的整体设计到细节的精心安排，从课堂上师生之间的关系到课堂教学结构，都应该而且必须发生根本性的变化——组织与开展属于学生的大量的语文实践活动。

（3）语文教学要关注、丰厚学生的积累。

语文教学一项极其重要的任务是增加学生的语言积累和语文知识的积累。

积累，就是打好基础，丰厚底子。语文教学中的"积累"，广义的解释是：从显性和隐性的角度，在文化自信、语言学用、能力培养、方法养成、情感熏陶、思维训练、审美创造等方面对学生进行科学而切实的训练，丰厚学生的语文素养。狭义的解释是：增加学生的语言储存，丰厚学生的语言基础，提高学生的语文核心素养。

"积累"在新课标中得到了空前的重视，新课标所设置的义务教育阶段的六个"学习任务群"中，第一个就是"语言文字积累与梳理"。

新课标还对"积累"教学进行了反复的强调，如"引导学生注重积累，勤于思考，乐于实践，勇于探索""注重积累、感悟和运用，提高自己的欣赏品位""积累课文中的优美词语、精彩句段，以及在课外阅读和生活中获得的语言材料""主动积累、梳理基本的语言材料和语言经验，逐步形成良好的语感，初步领悟语言文字运用规律"等。

这样的强调非常具体，语重心长。这种境界的实现，需要我们透彻地研读教材，精心地提炼与组织教学内容，追求教学习惯、教学手法的优化，提高单位时间内的课堂教学效益，面向全体学生，让课堂教学充盈着精美的语言、丰富的知识、文学的味道、优秀的学法，让积累丰富的课堂教学有益于每个学生。

（4）语文教学要非常突出对学生的综合能力训练。

语文教学一项更加重要的任务是形成、提升学生终身受用的阅读能力与表达能力。

一个人终身受用的阅读能力与表达能力，主要是在课堂训练中培养出来的。

对于能力的训练，新课标中有着非常丰富且指向明确的要求，如下面各种不同的提法：

正确、规范运用语言文字的意识和能力。

提高语言表现力和创造力，提高形象思维能力。

具有初步的感受美、发现美和运用语言文字表现美、创造美的能力。

在综合运用多学科知识发现问题、分析问题、解决问题的过程中，提高语言文字运用能力。

发展交流、合作、探究等实践能力。

提高独立写作的能力。

提升审美能力和审美品位。

在活动中表现出来的沟通、合作和创新能力。

…………

丰富的能力训练的要求，给当前的语文课堂教学以巨大的警示。

目前大多数语文课堂教学基本上只是表现在对课文的解读上，日复一日的课文解读式的教学，是缺乏能力训练的、肤浅的、低效的教学，既浪费了大量的课文训练资源，又浪费了很多学生的宝贵的课堂学习时间。

我们唯有苦练教学基本功，提高教学水平，才有可能完成如新课标论及的各种能力的训练内容与训练要求。

# 3. 随时把学习与思考所得变成文字

要做一位优秀的语文教师，必须坚持学习，善于思考。

随时把自己学习与思考所得变成文字，是一种充满智慧的学习方法与良好习惯，它能够表现一位教师的韧性，表现一位教师坚持在学习中积累，在积累中治学。

## 学习随记

什么是学习随记？研读课文的时候，记下需要深入品析、斟酌的内容；研习名师著作的时候，做好细致的旁批；阅读专业杂志的时候，随手摘录自己珍爱的材料；听课完毕，将优秀的课例浓缩为资料卡片；参加培训之后，将具有学术价值的内容整理到专门的文件夹中；参加学术交流活动之后，提炼出能够启迪自己思想的内容……随时把自己的学习所得变成文字就是学习随记。

把学习所得变成文字，其意义在于"文字"二字。变成了文字的点滴随感，能够沉淀在记忆的仓库中，继续引发我们研讨的兴趣；变成了文字的学术材料，能够时时让我们回味，给我们以示范、点拨、指导和启迪。

下面是 2009 年 7 月 4 日我在乌鲁木齐昆仑宾馆读孙绍振先生的《名作细读：微观分析个案研究》时随手摘录的几段文字：

在文学作品中，人的外部肖像描写是没有多大重要性的，除非外部肖像描写对人的灵魂刻画有作用。

把复杂的过程、其间的因果、前后的联系，放在叙述的空白里，是文言小说家常用的手法。

凡是花了一点儿笔墨的地方，在后来都是有新的意义的。……前文不仅仅是为了前文，而且对后文有用；后文也不仅仅是为了后文，而且对前文有用。

像这样的文字，是经验的升华，是学术的精华。简简单单几句话，点示出一些表达的规律，能指导我们提升读书的质量。

学习随记积累多了以后，就需要进行分类。一类一类的材料储存在电脑中，是珍珠，是宝石，是走向专家道路的基石。

**思想随记**

什么是思想随记？设计教学的时候，我们会瞬间对某一个知识点产生独特的见解；听课观摩的时候，会产生一种"我有更好的方法"的冲动；在与人交流、交谈的时候，突然觉得得到了某种启迪；在参读资料的时候，感觉自己另有新的看法；在独立思考的时候，脑海中的创意也许会一个接一个地涌现；在洗脸的时候，在做饭的时候，在上卫生间的时候，在清晨起床的瞬间，沉浸在思索中的人常常会有思想的火花迸发……如果能及时地把自己的思考所得变成文字，即用文字把最有价值的思绪、见解、设想、创意……留存下来，这些就是思想随记。

做思想随记需要两样宝贵的东西：一是学问，二是创意。

在我的教研生涯中，有无数的思想随记。我的电脑里，有专门命名为"余映潮思想火花"的文件夹，以备随时把自己的思考所得变成文字。

我的体会是：随记是在做学问，随记能够做学问。比如：记下一篇课文教学的开讲语设想，记下一个美妙的阅读教学或者作文教学的创意，记下关于某篇课文教学的一次主问题设计，记下自己忽然想到要写的一篇文章的标题或者开头，记下对某种教学手法或者教学现象的一个命名，记下听课评课时激发的有意义的想法，记下一个教学讲座的创意等。

其中，最重要的随记就是自己脑海里瞬间闪现出来的好东西。

下面是 2012 年上半年我随手记下的一些"思想火花"：

把浅显的课文上得深厚，其要诀在于：少把课文视为"解读"的对象，多将课文作为"训练"的抓手。

我们现在的品读教学，从小学到初中，大多数时候其难度层次都只是停留在"修辞手法"上。

看一节课的好坏，要看是否让学生积累了什么，要看是否对学生训练了什么。

每备一节课，必须先仔细分析这篇课文，关注它的课文资源的运用与利用。

精读训练：没有精读训练就没有阅读能力的训练。

集体训练：没有集体训练就没有整体教学效率的保证。

现在大多数解读式的阅读教学是一种粗糙的懒散的教学。

阅读教学设计，是将课文里的教学资源进行千辛万苦的提炼与整合，使之成为一个有序的有效的训练方案的过程。

············

思想随记积累多了以后，可以进行再创造：一是写成文章，二是写成讲稿，三是进行微型课题研究，四是进行有创意的备课……

随记，看似无意，其实有心。一个用心的人可以由此而渐写渐多，于是渐行渐深、渐行渐远。

学问与成果，在等待着有这样良好素养的人。

# *4.* 语文教师的第一课外读物

语文教师的第一课外读物应该是学科专业杂志。

将中小学语文教学方面的专业杂志作为自己的枕边读物，随手翻翻，开卷有益。

每一期都是新的，每一期都有前沿的信息，每一期都有精辟的见解，每一期都有实用的资料。

一期又一期地累积起来，就是学术资料的宝库。

没有任何观摩学习、培训进修能够像它们一样长久地陪伴我们，没有任何名师能够像它们那样深厚博大，没有任何一个人能够像它们那样可以持续发展更新的智慧。

全国中学语文专业杂志中，北京的《中学语文教学》和上海的《语文学习》都是 1979 年下半年创刊的。从它们创刊的第一期起，那时在偏远乡镇中学工作的我就开始订阅，一订就是几十年，一直到现在。

在一篇文章中，我这样描述我的读书方法：

许多年来，我用最笨拙而又最科学的方法读书。
许多年来，我用最辛苦而又最有用的方法读书。
许多年来，我用最麻烦而又最精细的方法读书。
那就是做读书卡片。

在 1979 年以来我所订阅的刊物的封面上，都有一个大大的"卡"字，这说明我已经读过它而且做过读书卡片了。

我现在手中所拥有的，是数以万计的资料目录索引和资料卡片，这是覆盖面极大的、内容丰美的教研情报。国内数种语文刊物的历年精美文章的目录，被我分门别类地收进各个专题研究的目录卡片中。

这些卡片的类别划分细密。如阅读教学类，就分为综论、记叙、说明、议论、小说、散文、诗歌、戏剧、文言文、语言、词语、句义、段意、讲读、自读、语感、教例、课型等小类，每一小类都拥有大量的资料目录。

这又读又记的需要时日的读书生活，是我的"四季的耕耘"。

（余映潮《一直向前走》，原载于 2003 年第 1 期《中学语文教学》）

下面是我撰写《最后一课》说课稿时所参考的资料目录。从 1991 年到 2008 年计 18 年，共辑有 15 条目录，其中有不少语文界名人的作品：

①宋子江《不要忽略至关重要的一点——〈最后一课〉思想内容新探，原载于 1991 年第 10 期《语文教学通讯》

②邓春江《何不换一种读法？——兼谈〈最后一课〉的人物》，原载于 1994 年第 8 期《语文学习》

③王坤《〈最后一课〉课堂气氛的营造及对教学的启示》，原载于 1997 年第 11 期《中学语文教学》

④段崇轩《关于〈最后一课〉大背景与小事件》，原载于 2000 年第 17 期《语文教学通讯》

⑤李国涛《震撼人心的一课》，原载于 2000 年第 17 期《语文教学通讯》

⑥傅书华《作品是作者与读者共同创作的》，原载于 2000 年第 17 期《语文教学通讯》

⑦彭樟清《忘国恨　爱国情　报国志——〈最后一课〉对比艺术》，原载于 2001 年第 16 期《语文天地》

⑧谭绍蓉《〈最后一课〉微型教案》，原载于 2003 年第 6 期《中学语文教学参考》

⑨曹津源《〈最后一课〉三美》，原载于 2003 年第 9 期《语文教学之友》

⑩周建成《儿童视角和忏悔意识——简析〈最后一课〉的特色》，原载于 2004 年第 1 期《语文知识》

⑪阮长海《在课堂教学中创新教案》，原载于 2005 年第 8 期《语文教学通讯》（初中刊）

⑫孙绍振《渺小的人物和崇高的主题——从心理结构看〈最后一课〉》，原载于 2005 年第 11 期《语文学习》

⑬丁长永《咀嚼〈最后一课〉》，原载于 2006 年第 2 期《中学语文教学》

⑭詹静《〈最后一课〉两个创意简案》，原载于2006年第5期《语文教学通讯》

⑮李耕拓《以"子"代"父"张冠李戴》，原载于2008年第4期《语文学习》

有这样宏大的学术资料背景，还愁一篇课文的说课稿写得不精彩吗？

可以说，拥有和不断拥有一定数量的与中学语文教学有关的学术文献资料，是语文教师业务进修与素养提升的第一策略。其中最重要、最实在的，是长期拥有自己喜爱的专业杂志。

从中学语文教师的角度看，最需要重视的学术文献资料主要有两类：一类是与日常教学、教改、教研有关的前沿信息资料，它们告诉我们，别人是如何做的，为什么要这样做；一类是与课堂读写教学密切相关的论文、论著资料，它们告诉我们，如何好好做，如何做更好。两者能够给我们的最好的东西，就是"智慧"。

如果一位教师能够自觉地重视教学文献资料的积累与运用，就可以说这位教师有一定的学术意识，有一定的文献意识，有自己的学习方法，有自己的资料仓库。这样的教师是善于学习、能够让自己持续发展的教师。

从一生的教学事业来讲，拥有大量的专业的学术文献资料，是教师的立身之本。从一定的意义上来讲，这就是在做学问。

美好的境界是，当我们的教学青春逐渐消逝时，我们的学问在日渐丰厚。

# 5. 读透几本学术著作

新课标要求教师指导学生"学会运用多种阅读方法，具有独立阅读能力"，要求教师指导学生"多读书、好读书、读好书、读整本书，注重阅读引导，培养读书兴趣，提高读书品位"。

新课标不仅要求教师施教时在活动设计、教学角度、实践内容等各个方面进行改革，而且在提高教师的文献意识和资料占有方面提出了新的标准。统编教材编写体例的深刻改变、教材中课文内容的丰富性、对学生梳理整合能力训练的加强、"跨媒介阅读与表达"的提出等，都对教师提升语文素养和学术资料阅读提出了很高的要求。

一般而言，为提高自己的文化修养与专业水平，我们可以长期订阅一两份语文专业报纸或杂志。此外，我们应该拥有当今国内语文名师的重要教学专著，拥有与自己教学特长相关的业务指导书籍，有新课标规定阅读的古今中外名著及相关指导性书籍，有与选修课教学相关的各种参考阅读资料，有系统详细的中学生作文指导资料等。

在广泛涉猎的基础上，我们可以用精读、细读、反复赏读的方法，读透几本学术著作。有的教师反复地赏读《唐诗鉴赏辞典》，有的教师细致地品读李泽厚的《美的历程》，有的教师钻研曾祥芹的《文章学与语文教育》，有的教师将《孙绍振如是解读作品》各卷读了一遍又一遍……

读透一本学术著作，其目的在于接受深刻影响，提高学术水准。

我曾经细细地读过三本书。

第一本是1983年华东师范大学出版社出版的《写作艺术示例》。这是一部由230篇短文组成的通过范例讲析写作技巧的作品。

第二本是1986年山西希望出版社出版的《红烛集》。书中有《语文教学通讯》杂志的20位封面人物的教学经验介绍。

第三本是1996年江苏教育出版社出版的《中国著名特级教师教学思想录（中学语文卷）》。这本书有859页，有于漪老师等13位著名特级教师的"思想录"和"教学实录"。

这三本书，在学问上、教学上、思想上给了我非常深刻的影响。

《写作艺术示例》这本书，我一直带在身边，百读不厌，它告诉我美好丰富的"写作艺术"知识。

这本书的目录非常吸引人。如"描写"这一块的例说文章一共有36篇，文章标题依次是：《工笔描绘　形象逼真》《抓住特征　简笔勾勒》《用漫画笔法写外貌》《显示人物身份》《体现作品主题》《从肖像引出故事》《描写"眼睛"》《摄"特写镜头"》《多角度描写》《一举一动有深意》《行不离谱》《抓住耀眼的一刹那》《写出差别来》《言为心声》《听话音　知关系》《习惯用语显个性》《余音绕梁》《此时无声胜有声》《直写心理》《写反常的表现》《写复杂情绪》《描写心理　推动情节》《借幻觉写真情》《梦境是现实的折光》《从一斑见全豹》《细微末节见真情》《写出生活情趣》《一石激起千层浪》《写景要有时代气息》《地各有貌》《情以景迁》《写风写雨　笔无虚设》《让景物"活"起来》《写好社会环境》《明写景　实写人》《鸟瞰特写　点面结合》。

即使不看内容，这些标题也有足够的分量。

《写作艺术示例》的内容新颖精致，如《突起　纡行　峭收》一文，是这样分析《陋室铭》的：

题目是"陋室"，作者劈面却从山、水、仙、龙起兴，显得很"突"。但是，用山、水、仙、龙的具体形象引出"有德则馨"的中心题旨，既是化虚为实，又显得极有气势。中间对于陋室的具体刻画，虽然一共只有八句话，可是八句话里又可分出三层意思——即是从"室外景色""朋友交往"和"思想情趣"等三个方面刻画了陋室主人的胸襟、气度，由表及里，一层深似一层。接着，又以"南阳诸葛庐""西蜀子云亭"作比，进一步烘托出主人的地位和抱负。这种多侧面、多层次地展开，自然就显得"纡曲"了。末了，作者又用"藏头"的手法，引用孔子所说的"君子居之，何陋之有？"（《论语·子罕》）的后半句作结，目的恰恰是让读者由此而联想到那省去的前半句，进而更好地体会全文的题旨。这种言简而意蕴的笔法，也可以说是劲峭而有余味了。

此文分析的是《陋室铭》的结构层次与内容特点，但眼光与众不同，用了"突起""纡行""峭收"三个词来概括课文的表达特点，这就表现出作者深读了这篇课文的行文手法与章法特点。

这样的材料岂止用于《陋室铭》的赏读？它让我们"由一篇知一类"。

　　这样的材料岂止用于阅读教学？它让我们的品析鉴赏水平提升了一个台阶。

# *6.* 在名师的仓库里 "淘金"

不管以后课堂模式如何，老师还是要在课堂上与孩子们说话的，无论如何，别让孩子们看不起你。

这是《语文学习》2003 年第 2 期吴非老师的《只要肯读书》文中的一句话，语言平实，语重心长，堪称警句。

为了学生，也为了自己，年轻的语文教师应该努力学习、喜于读书，让自己有一点儿学术背景，能够看出教育、教研的门道，能够评说、分析教育和教学的现象。

面对浩如烟海的资料世界，从业务进步的角度看，良好的方法之一是向优秀的教师学习，从名师、语文大家的仓库里淘金。他们的文字仓库里，有成长的经验，有精深的理论，有教学的个性，有经典的作品。

向名师学习，就是因为 "经典"，他们的智慧中凝结着学术的精华。大多数名师都善于用文字表达思想，他们的智慧能够通过精致的文字渗透于我们的心灵。

向名师、语文大家学习，能够让我们明确目标，少走弯路，关注前沿，收获精华。

向名师学习，在名师的仓库里淘金，可重点关注两个方面的内容：一是言论，二是教例。它们常常综合地表现为 "论文" 的形式。所谓的 "淘金"，就是要关注名师、语文大家的文章。

学习的过程，是坚持、积累、体悟、仿效他人的过程，也是提升、优化自己教学素养的过程。

很多年前，我用三年的时间跟踪、精读了陈钟樑先生的一组文章：

《未成曲调先有情——谈〈导言〉》，原载于 1985 年第 1 期《中学语文》

《惊风乱飐芙蓉水——谈谈提问设计》，原载于 1985 年第 2 期《中学语文》

《一声惊堂满座醒——谈插语》，原载于 1985 年第 3 期《中学语文》

《语不惊人死不休——谈讲述》，原载于 1985 年第 4 期《中学语文》

《似曾相识燕归来——谈课后小结》，原载于 1985 年第 8 期《中学语文》

《无情未必真豪杰——谈情感》，原载于 1985 年第 11 期《中学语文》

《一枝一叶总关情——谈教学环节》，原载于 1986 年第 11 期《中学语文》

《嫁与春风不用媒——谈过渡》，原载于 1987 年第 1 期《中学语文》

当时的我刚刚开始当教研员，这组文章让我眼界大开，开始知道什么是教学艺术，开始知道教学文章可以写得这样美。

据说这组论文一共有 12 篇，可惜还有几篇我始终没有在《中学语文》上读到。

又过了许多年，我精读了宁鸿彬老师 1992—1994 年在《中学语文教学参考》上刊载的系列文章：

《调动学生初读课文的积极性——讲读课丛谈之一》

《增强引导学生分析课文的启发性——讲读课丛谈之二》

《增强总结课文的鲜明性——讲读课丛谈之三》

《发挥画龙点睛的作用——讲读课丛谈之四》

《加强字词教学——讲读课丛谈之五》

《提倡"精讲"——讲读课丛谈之六》

《提倡"精练"——讲读课丛谈之七》

《增强教学过程中的应变能力①——讲读课丛谈之八》

《增强教学过程中的应变能力②——讲读课丛谈之九》

《增强教学过程中的应变能力③——讲读课丛谈之十》

以上 10 篇文章，我复印之后收藏，长期研读，反复品味，收获颇丰。它们不仅提升了我的教学设计水平，而且提升了我的观课、评课能力。我终于在 2001 年写出了长篇论文《妙在这一"问"——论宁鸿彬老师阅读教学"主问题"的设计艺术》。

像这样跟踪式的研读，我能够坚持不懈，尽力而为，不惜时间、精力。

写这篇文章的时候，我查了一下原来做的纸质目录索引卡片，在于漪老师名下，记载了 60 多篇文章目录，钱梦龙老师的有 50 多篇文章目录，宁鸿彬老师的有 50 多篇，胡明道老师的有 40 多篇……

语文大家们的每一篇文章，都像涓涓细流带着清脆的叮咚声淌过我的心扉，浸润着我，滋养着我。

在我国现当代的语文大家中，徐振维、陈钟樑、胡明道老师比较善于运用"块"状教学思路。陈钟樑老师曾经说过："我通过长期的教学实践与摸索，基本上形成了两种模式：线条推进与模块运作……在我的案例库中保存最多的是模块式教学实例"。正是在广泛研究并提炼语文大家们教学技艺的基础上，我实践并创立了"板块式教学思路"。

在研究宁鸿彬老师的文章时，我进行了这样的评论：

宁老师极善于设计教学"主问题"。他极善于用一个或几个能够牵一发而动全身的"一问能抵许多问"的"主问题"引导学生深深地进入课文，激发他们学习的兴趣，激发他们的创造性思维，从而有效地避免了课堂上浅层次的"碎问碎答"的教学过程，让学生真正成为课堂活动的主体和课堂活动的主人。

我现在践行的"板块式教学思路"与"主问题教学设计"，都与名师、语文大家有关。

"千淘万漉虽辛苦，吹尽狂沙始到金"，这就是"淘金"之后的"炼金"。

# 7. 经受专项研究的陶冶

一位优秀语文教师的成长，一定要经受专项研究的陶冶。

语文教学中的专项研究，又叫"微型话题研究""专门话题研究"。它是与语文学科教学直接关联、视点小内容深、例证丰富不离学术、以提高教师研究能力和提炼能力的专门话题的研究。

这种研究是个人自由选定的，它不需要"立项""论证""专家团队"。

这种研究首先是着眼于实用的，它用积聚、组合大量材料的方式，就某一项专门的研究表达自己的发现，得出令人信服的结论。

我们所进行的"什么样的课是好课""奇妙的课文研读方式""语文教师的教材处理技能""字词教学的创新角度与创新方法""中学作文训练序列""初中语文教材中的鲁迅作品教学"等研究，都是专项研究。

这种研究的着眼点是细微的，如"课文开讲方式研究""'课中小结'的表达作用研究""初中语文句式研究""初中语文段式研究""课文中人物服饰描写研究""《最后一课》课文赏析论文写作角度探索""作文评讲的课型实践""关于《岳阳楼记》研究的综述""《我的叔叔于勒》的10种板书形式""中考作文形式训练研究""中考语文'阐释题'答题训练研究"等，也都是专项研究。

就教师的专业发展与素养提升而言，专项研究的力量巨大，它是名师在成长过程中必须经历的一种有效的治学方法，在如下方面发挥着非常重要的作用。

（1）话题的确立就是研究的开始，它让我们关注教学、关注教研、关注对教学现象与教学资料的审视，关注语言表达的语文性、学术性。

（2）优秀的学习与研究的方法只有在实践的过程中获得，专项研究的过程就是让我们实践、体味多种学习与研究的方法的过程。没有这样的过程，我们便无法体味到学习方法的重要性；没有这样的过程，我们便难以练出学术的眼光。

（3）专项研究让我们刻苦地锻炼自己恒久的坚持力。它是抓手，是线索，是目标，需要长时间细心地寻觅，安静地集聚、提炼与思考，于是就需要坚持，于是就需要我们脚踏实地、乐此不疲、坚忍不拔。

（4）因为深刻分析的原因，专项研究能够让我们深刻地洞悉某种语文现象。专项研究的"科技含量"就是积累资料、提取精华、发现规律。而精华与规律一旦被发现，则可以直接创造效益，从而大大减少无效劳动。

（5）专项研究由于精美资料的积聚而让我们收获非同寻常的资料性成果。可以说，没有大量资料的支撑，就无法进行专题的分析；反过来说，正是因为专项的研究，才能够带给我们以丰厚的资料。

（6）专项研究能够让我们优化教学细节，提升与完善自己的教学特长。我们所进行的大量的专项研究，都是着眼于实用而又追求科学的，此中精细的内容和精致的角度，能够给我们理性的指导，从而优化、提升我们的教学专长。

（7）专项研究既能让我们发现规律，又能让我们收获资料，还能让我们提炼精华。研究的过程必须有分析、写作，于是既锻炼了我们的论文写作能力，又产生了研究成果。

下面我以简洁的文字介绍我的一项"微型话题研究"：

## 写景文开头段的引用技巧

北京有句歇后语："卢沟桥的狮子——数不清。"

（《卢沟桥的狮子》）

杭州西湖有一处景观，叫"三潭印月"。远远望去，绿树依依，繁花似锦，绿荫中隐约露出亭台楼阁，像人间仙境一样。

（《三潭印月》）

人们都说："桂林山水甲天下。"我们乘着木船，荡漾在漓江上，来观赏桂林的山水。

（《桂林山水》）

杭州素有"人间天堂"的美称。西湖，就是镶嵌在这天堂里的一颗明珠。

（《西湖》）

被誉为"天下第一奇山"的黄山，以奇松、怪石、云海、温泉"四绝"闻名于世，而人们对黄山奇松，更是情有独钟。山顶上，陡崖边，处处都有它们潇洒、挺秀的身影。

（《黄山奇松》）

在号称"世界屋脊"的青藏高原，有两个世界之最。

（《雅鲁藏布大峡谷》）

积累这六段写景文开头材料，我花了两三年的时间。有了材料，就不愁分析与评说了。

26

# 8. 学会提炼

语文教师的第一基本功是能够读出课文的味道。

语文教师的第一课外读物是语文专业杂志。

语文教师的第一阅读能力是文学作品的欣赏能力。

语文教师的第一科研能力是提炼能力。

…………

这是我从"语文教师业务素养"的角度常常说的几个"第一"。

提炼，主要有两个方面的含义：一是指从事物中进行提取，含有筛选提纯、聚集精华的意味；二是对事物、现象进行归纳，含有小结经验、发现规律的意味。

将提炼用于生活，用于思考，用于观察，用于研究，其含义就是去粗取精，变隐为显，化繁为简，发现规律。

这是一种在对大量事物、现象进行观察，或者在拥有大量资料的基础上抽象出规律的研究方法。

提炼是一种高层次的发现能力，它要求我们善于划分，善于归纳，善于概括，善于总结，在筛选、组合、思考、验证的具体实践中理性地发现一些客观存在的规律，用于指导教学，用于提高自身。

将提炼用于教学研究，其操作技能主要有如下方面。

（1）显现形式。如从下面语段中提炼出一个实用句式：

我愿意静静地站在图书馆阅览室的门口，看那些伏案读书者专注而入迷的神情；也愿意一边走向教学楼，一边听身旁经过的人高声争论着什么问题，——吸引我的，是北大人特有的敏感，学生特有的纯洁，言谈的犀利与机智，精神状态的生机勃勃；更愿意站在广告栏前，一张一张细细地读那些五颜六色的海报，为的是永不厌倦地重温北大清新自由的气氛。

（2）撷取精华。如出自《论语》的成语：

安贫乐道　富贵浮云　韦编三绝　博古通今　尽善尽美　三思而行

舍己为人　有教无类　学而不厌　诲人不倦　循循善诱　举一反三
因材施教　温故知新　言传身教　身体力行　见贤思齐　不耻下问
名正言顺　发愤忘食　乐以忘忧　既往不咎　不念旧恶　色厉内荏
怨天尤人　后生可畏　升堂入室　侃侃而谈……

（3）区分层次。如中考记叙文阅读考点提炼：

基本考点：辨识选文记叙的中心、要素、顺序和结构方式；辨识文中的表达方式；划分文章的层次，概括选文的思路或层次；概括文章的要点、事件或中心意思；在具体的语言环境中理解词义和句义；品味句段中的修辞手法及其作用；概括文章的思想内容，领会作者的思想感情等。

高层考点：品析词语或者句子的特定含义、深层含义或言外之意；品析词语、句子、段落的表达作用和表达效果；体味描写、抒情和议论的作用；理清文章的线索；品味选文中的表现手法及其作用；分析表达技巧或者手法，对文章的艺术特色进行自由赏析等。

（4）抽象归纳。如中学生作文表述"不合情理"的基本现象有如下八种：

以误为正，事不及理，用例不当，前后矛盾，并非事实，过度升华，描写失误，缺乏逻辑。

（5）点示规律。如鲁迅作品教学设计的一个基本着力点：

《从百草园到三味书屋》《故乡》《雪》《孔乙己》《风筝》都可以用"课中比读"的方法进行阅读教学设计。

（6）总结作法。如我曾经提出的阅读教学设计"32字口诀"：

目标明确，课型新颖，思路清晰，提问精粹，品读细腻，活动充分，评点精美，积累丰富。

（7）命名现象。如对《颐和园》表达形式的提炼——概写一笔，细写几笔：

登上万寿山，站在佛香阁的前面向下望，颐和园的景色大半收在眼底。葱郁的树丛，掩映着黄的绿的琉璃瓦屋顶和朱红的宫墙。正前面，昆明湖静得像一面镜子，绿得像一块碧玉。游船、画舫在湖面慢慢地滑过，几乎不留一点儿痕迹。向东远眺，隐隐约约可以望见几座古老的城楼和城里的白塔。

（8）揭示实质。如初中生语文阅读能力过关的八个训练点：

文体辨识能力，文意把握能力，思路分析能力，要点概括能力，语言品味能力，文学欣赏能力，感受评价能力，阐释解说能力。

提炼与资料，表现出很有趣的"双赢"关系。

提炼需要建立在资料的基础之上。如果不占有大量的材料，就提炼不出有关内容。

为了进行提炼，必须收集与占有资料，提炼的过程也是帮助我们收集与占有资料的过程。

由此可见：学会提炼，训练我们的提炼能力，实际上也是在培养我们经受磨炼的能力——积聚材料，划分类别，提取精华，寻求规律，梳理线条，抽象特征……

"提炼"二字，能让人的思想与思维不停息地劳作。

这是一种让我们终身受用的学习方法与研究方法。

# 9. 坚持案例研究

中小学语文教学中有研讨意义的实例就是案例。

优秀的案例是教师教学智慧的结晶。

案例研究的学术意义在于它能带动多方面的研究工作。

一是教师要对案例进行搜集、挑选和鉴别，从科学性、艺术性、真实性的角度找到具有评说价值的案例。

二是教师要进行独立的思考和广泛的阅读，这就是理性地提升自己专业素养的历练。

三是教师要对案例进行感受，进行咀嚼，从理性、艺术、技术的角度，从普遍意义上形成自己的见解。

四是教师要表达自己的感受、感悟、见解、意见、建议，要阐述自己的分析与评论，在这表达的过程中，我们有阅读，有写作，有交流，有分享，有碰撞，有争论。

坚持进行案例研究，能给教师带来两个方面的收益。

一是直接提高我们的教学评价水平与能力，让我们养成用科学、理性的眼光分析教学的习惯。

二是直接帮助我们积累优秀的教学案例，在不断地欣赏回味中提高自己的教学设计水平。

有人说，案例研究是教师专业水平发展和提升的捷径，此中的奥妙就在于教师与教学案例有近距离的接触、分析与研究。

案例分析的种类与手法，主要有如下几种。

（1）课堂观察。课堂观察有两种活动方式。一是课后对此案例进行综合性的评价，如设计理念、师生关系、学生自主合作探究的学习活动、课堂交流的状况等。我们日常的评课，大多数都是这样进行的。二是课后对此案例进行单项内容的评价，如专门评价学生实践活动、专门评价课型的设计、专门评价教学细节的合理性等，这样的评价往往针对"实验课"来进行。

（2）教例评点。教例评点有时是针对以文本样式呈现出来的案例，有时是针对现场的课例而进行的。教例评点的角度主要有三个：一是多角度分析，即比较细致地对教学情况进行剖析，表现出几个主要的方面；二是美点赏析，即比较透彻地分析此案例的美点，表现出这个案例的学用价值；三是弱点指正，即从指出失误的角度来进行评价，表现出这个案例的警醒价值。

（3）教学反思。所谓教学反思，就是课后的理性思考，就是总结案例给自己的经验或教训。其实这种思考不一定就是专门找弱点，自觉成功之处、得意之处、经验之谈等也可以进行总结。教学案例反思的重点内容有：教学理念的问题，教学创意的问题，教材处理的问题，教学艺术的问题，课堂活动的问题，课堂效率的问题。教学反思要抓大放小，要在理论的指导下深刻剖析一两个主要问题。

（4）案例交流。在很多时候，案例交流表现于我们所说的说课活动中。在现实的教学背景下，说课活动还应该拓宽内容与优化角度，如下面一些内容，都可以有选择性地进行案例交流：说教案立意，说教学创意，说课型设计，说活动安排，说课中话题，说精彩片段，说手段运用，说资源开发。

（5）案例归纳。案例归纳是将多个案例放在一起进行综合地分析评议。这种方法适用于参加大型教学研讨会之后的案例整理，适用于对某一篇课文的多个案例的对比研究，适用于对某一名家的多个案例进行体味，适用于某种文体课文教学中多篇案例的特色研究。运用案例归纳的方法进行案例研究，收获往往会更大：一是积累了众多的案例，二是加深了思考的深度，三是提高了自己宏观分析的理论水平。

（6）案例跟踪。案例跟踪是对一系列案例进行连贯分析。如果某一篇课文在创新教法时需要进行多次教学实验，就可以对这一系列的案例进行跟踪研究。如果完成某一个研究课题需要运用课堂教学实验的手段，就有可能出现若干个案例，从而进行案例的跟踪研究。案例的跟踪研究表现出分析一次、小结一次、修改一次、提升一次的特点，非常有利于提高教学设计的质量。

（7）特例评说。所谓"特例"，就是特别出新的案例，特别出奇的案例，特别出格的案例，特别出界的案例。如"非指示性非预设性课例""板块式教学课例""师生合作课例"等。这些"特例"也特别能引发人们的议论，特别能激发人们探讨研究的热情。分析评说这些"特例"，一是要将其置于当前的课改背景之下，二是要注重其个性化的成分，三是不说过头话，不论是褒是贬，都要适可而止。

（8）美例欣赏。好的案例如同好的文章，值得品评欣赏。一般的案例能够表现出"一点儿之美"的，就有欣赏的价值。进入欣赏层次的案例，能给欣赏者带来好的心情，能够更好地表现出潜移默化的魅力。美例欣赏要重在品味其立意之美、构思之美、手法之美与细节之美，在欣赏的过程中要实在，要有力，要善于用新的视点来透析案例，善于用新的理念来评说案例。

案例研究的方法曾经绚烂地点缀过我的生活。

《中学语文教研品评 100 篇》就是我用了将近 10 年的时间写作而成的一本著作。10 年的案例分析与案例评点短文的写作，中学语文阅读教学设计艺术的风光似一幅幅山水画卷，展现在我的面前，让我领略到教学艺术的真谛。

# *10.* 在写作的历练中攀登

　　写作，是一切希望努力提升自己专业水平和业务素养的语文教师的必修课。

　　这种必修课是教师给自己设计的。如果没有动力，没有勇气，没有对自己的严格要求，那么这种必修课程永远开设不了。

　　在语文教学界，但凡真正优秀的教师，没有一个是不能写作的。他们能用严谨细致的构思和准确生动的文字，表达教研教改的观点，叙述教学研究的心得，提炼教育教学的收获。

　　但凡优秀的语文教师，如果只能上几节所谓的示范课而不能写作，缺乏动笔的能力或者写不出什么，就不能称之为真正的优秀。道理十分简单：如果没有思想的表达，没有经验的提炼，没有实践过程中的成长纪录，那么这个教师很难获得真正意义上的成长。

　　反过来说，优秀的语文教师，一定要关注自己的写作。

　　语文教师的写作，追求发表文章或出版专著不应该是主要目的，主要目的应该是提高自己的综合素养与写作水平。

　　写作于教师而言，有极多的好处。

　　它是一种综合性极强、要求非常高的研究与表达的技法。需要日积月累与坚持不懈，需要进行艰苦的内容提炼与反复的修正充实，需要突破平凡的表达角度而又确保进行准确流畅的表达。

　　于是它需要我们更加关注教学，更加关注学习，更加关注研究。它需要我们心中有牵挂，眼中有观察，脑中有思想，笔下有动作。

　　语文教师的写作，取材丰富。札记、随感、反思、评说、诗歌创作、生活小品、教学设计、试题编拟等，无一不是写作的内容。

　　但从学科教学素养的角度而言，最深刻最有用的应该是论文写作。

　　论文写作既是体验的过程，表达的过程，又是研究的技法。

　　论文写作一定需要研究，论文写作的基础与前提就是研究，只有经历了深刻的研究才能写出有见解的论文。

　　论文写作能让人的境界升华，只有精于教学研究而且确有心得的人，才有可能产生论文成果。

论文写作是教学科研中的一个难点，在突破这个难点的过程中，我们的学术水平能得到理性的提升。

语文教师的写作，从比较容易入手的角度而言，从训练自己的基本功的角度而言，最好多写一千字左右的课文赏析短文。

课文赏析类的教学论文，讲求小巧、灵活、秀美、丰满。它们或鉴赏人物，或品评技法，或咀嚼字词，或揣摩含义，往往以精巧的结构、短小的篇幅、厚实的内容、通畅的表达博得读者的喜爱。教师面对所有的中小学语文教学篇目，从古到今，从中到外，从实用文体到文学作品，从标点、文题到文章中的细节，无一不在其撷取材料的视野之内，可谓尺幅千里，笼课文之天地于方寸之间。

从提高教师水平的角度来讲，赏析课文并撰写赏析短文，有四个方面的"有助于"。

（1）有助于教师养成研读教材的习惯，提高教师的欣赏水平与表达水平。

（2）有助于教师对课堂阅读教学内容进行细化与优化，与教学浑然一体。

（3）有助于教师在繁忙的工作中有的放矢，进行视点单纯的研究。

（4）有助于教师研究成果的产生，坚持而为就可以养成良好的研究习惯。

课文赏析论文的写作让我们安静，让我们沉思。教材是美丽语言的海洋，只要沉浸其中，到处都有闪光的"金子"。仅拿《最后一课》的赏析论文来讲，就有非常美好的内容令我们怦然心动：

品品《最后一课》的标题，《最后一课》开头部分的表达作用欣赏，《最后一课》写铁匠华希特的作用，《最后一课》中的小说知识，《最后一课》中的"无言之美"，《最后一课》中的感叹号欣赏，《最后一课》中的反衬手法，《最后一课》中的心理描写手法，《最后一课》中的"上课"和"下课"，《最后一课》中的两处"朋友"欣赏，《最后一课》中的自我独白，《最后一课》中的场景设置艺术，《最后一课》中的背景设置艺术，《最后一课》中的白描手法，《最后一课》叙事的视角美，《最后一课》

"独句段"欣赏，《最后一课》中的"习字课"描写欣赏，《最后一课》中的七"点"爱国之情，《最后一课》中的三种人，《最后一课》中三处充满深情的比喻，《最后一课》中的人物描写定格艺术……

我们常常把"磨课"挂在嘴边，但我们很少说"磨文"。甘于寂寞，潜心思考，反复玩味，是产生论文作品的前提。优秀的语文教师应该在写作的历练中奋力攀登。

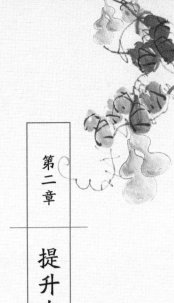

第二章

提升专业能力

# 11. 定向收集，训练恒久坚持的耐力

修炼自己，需要努力坚持。坚持是把事情做好的定力。

有定力的人，心地清净，如净水无波。他们痴迷于学习，能够给自己带来大智慧。

如果能在繁忙的工作中安安静静地做一件或几件事情，并坚持 5 年、10 年、15 年……，就能获得厚实的综合素养，既懂教学，又懂教研，成为某个方面或多个方面的行家里手。

这里介绍一种一举多得的治学方法：定向收集法。

它能让一位教师根据教学教研的需要定向地收集资料，从而收获丰硕的知识；对收获的资料进行提炼与研究，就提高了学术水平；由于坚持收集，又能养成恒久的坚持力。

如我在《祝福》的教学研究中坚持 10 年收集有关学术论文，在文章章法研究上收集了上百篇文献资料，从数量庞大的教学案例中提炼出字词教学的艺术手法，坚持阅读《光明日报》"老鲍谭古"的专栏，将一年之中所听之课全部整理为"课例卡片"……这些都是定向收集。

我曾经坚持 10 多年，跟踪研究高考语文（全国卷 I）中的一个题型：语用型概括题。从 2003—2013 年，我一共收集到 7 道题。如 2003 年的第 24 题：

提取下列材料的要点，整合成一个单句，为"遗传"下定义。（4 分）
①遗传是一种生物自身繁殖过程。
②这种繁殖将按照亲代所经历的同一发育途径和方式进行。
③在这一过程中，生物将摄取环境中的物质建造自身。
④这种繁殖过程所产生的结果是与亲代相似的复本。

这道题从十分美妙的角度创造性地考查了学生的读写能力，为日常教学点示了设计有训练力度的细节的范例。我教学《神奇的极光》《生物入侵者》时，都进行了"下定义"的能力训练。

2005 年的第 18 题：

提取下面一段话的主要信息，在方框内写出四个关键词。(4分)

据报道，我国国家图书馆浩瀚的馆藏古籍中，仅1.6万卷"敦煌遗书"就有5000余米长卷需要修复，而国家图书馆从事古籍修复的专业人员不过10人；各地图书馆、博物馆收藏的古籍文献共计3000万册，残损情况也相当严重，亟待抢救性修复，但全国的古籍修复人才总共还不足百人。以这样少的人数去完成如此浩大的修复工程，即使夜以继日地工作也需要近千年。

这道题具有综合考查的力度，明考提取主要信息的能力，暗考分层概括的能力，也是极好的考查学生读写能力的范例。我在教学《赫耳墨斯和雕像者》时，就运用了这种方法。

2006年的第19题：

下面的材料从四个方面对二胡作了介绍，请筛选信息，保留各方面的主要内容，压缩成一段文字，不超过60个字。(5分)

二胡是中国的一种很奇妙的乐器，是胡琴的一种，比京胡大，也叫南胡。二胡的构造很简单：由一根长约80厘米的细细的木制琴杆、内外两根琴弦、琴杆下端的蒙着蟒皮或蛇皮的琴筒构成，琴筒呈茶杯形，用木或竹制成，蟒皮或蛇皮是制作二胡的重要材料；用马尾做的琴弓演奏，这与小提琴同样用马尾做琴弓是一样的。二胡声音低沉圆润，听起来略带忧伤，常用来表达比较深沉的情感。二胡产生的历史悠久，又比较容易学习，因此是深受中华民族喜爱的乐器，是中国民间普及率较高的乐器。

这道题考查学生"概述"的读写能力，这种能力建立在"分层概括"的基础之上。我在教学《记承天寺夜游》《大自然的语言》时，就运用过这种设计角度。

2012年的第19题：

请在下面划线处补写一句恰当的话，使它与后面部分构成一个完整的文段。不得超过20个字。(3分)

_____。音乐作品的"深度"有不同的表现形态。比较重要的形态通常有两种：一是"深刻"，二是"深邃"。大致说来，"深刻"是就作品的主题而言，"深邃"是就作品的意蕴而言。"深刻"诉之于意义，比较理性；"深邃"诉之于体验，比较感性。"深刻"如同在二维平面上的篆刻，是静态的；"深邃"却似三维空间中的景致，是动态的。西方音乐以"深刻"见长，中国音乐则以"深邃"著称。

这是典型的"提炼中心句"的能力检测题，考查学生的概括能力、推理能力和表达能力，特别适用于初中语文说明文教学中的细节设计。

这种有坚持力的等待与收集，让我学会了提炼与整合的研究技巧，写出了近万字的长篇论文，让我在进行学术讲座时有了生动精美的材料，让我得到了如何设计精美教学细节的有益启迪。

# *12.* 反复品析，提高课文深读的能力

重视提升教学素养的自我训练，能够让我们在漫长的工作岁月里上下求索；坚持的力量能让丑小鸭华丽地转身，但一定先要有理想的高度。有效地提高教学教研的能力，应该是每位语文教师的基本追求。

坚持修炼，需要细水长流。修炼自己，需要把握方法。

"方法"二字，带有经验性，带有操作性，带有指向性。如果没有"方法"，基本上可以说也就没有了"方向"。

这里讲的是用"反复品析"之法提高课文深读的能力。

对课文进行"反复品析"，可以锻炼耐性，可以让我们变得细心，更重要的是能提高课文品析的质量，对课文有更多的发现，能提取、收获更多的教学资料，同时逐步养成细读课文的习惯，提高精读、深读课文的能力。

如对寓言《赫耳墨斯和雕像者》的研读。

2011 年，为教学《赫耳墨斯和雕像者》这篇浅显的课文，我对它进行了艰苦的六读：一是多角度概说课文内容，二是用朗读的方式感受课文，三是用评点的方式细细地读，四是用十几个句子各有角度地点示课文的寓意，五是读出课文的文学的味道，六是分析并提取课文的能力训练点。

下面是对课文的"多角度概说"：

①这是一个以"神"为主要人物形象的寓言故事。

②这是一个完整的有曲折情节的寓言故事。

③这是一个有鲜明的人物形象的故事，赫耳墨斯的自大和对他的辛辣讽刺跃然纸上。

④这是一个主要运用"对话"手法来展开故事情节的寓言。

⑤这是一个运用了"对比"手法的小故事。

⑥这是一个运用了"白描"手法，寥寥几笔就勾勒出人物形象的寓言故事。

⑦这是一个运用了"空白"手法，让我们想象人物尴尬结局的小故事。

⑧这是一个运用了"反差"手法，写"出人意料"之事，写"事与愿违"之事的故事。

⑨这是一个运用"开门见山"的方法开头的故事。

⑩这是一个运用"戛然而止"的方法结尾的故事。

⑪这是一个表达含蓄，且需要我们细细揣摩人物心理活动的故事。

⑫这是一个细节生动的寓言故事，文中有语言的描写、动作的描写和神情意态的描写。

⑬这是一个含义丰富深刻，于我们做人处世有教益的寓言故事。

…………

细细地反复地概括，用精练的文字将这些内容表达出来，每一句话都费时费力，但课文的深度显现了出来，教学资源的丰富性显现了出来，课文文学的美感显现了出来，课堂上能够用来与学生对话或者对学生讲析的内容也一步一步地出现在我们面前。细细品读与粗略品读，在阅读深度上的高下确实非常分明，多一分投入就多一分收获。

下面是对课文所蕴含的能力训练点进行的提炼：

①重新拟制课文标题。

②用要点归纳的方法概说故事内容。

③划分课文第一部分的层次。

④梳理并用对称的句式归纳故事的情节。

⑤用"写"的方式概括这则寓言的主旨。

⑥用成语评价赫耳墨斯这个人物形象。

⑦对能够表现课文信息的关键词语进行提取。

⑧用朗读表现人物的心理，传达作品的意味。

⑨想象、续写故事情节的进一步发展。

⑩体味课文的表现手法。

⑪语言赏析，特别是对"笑"字进行品析。

⑫赏析文中"三问三答"的表达作用。

⑬揣摩故事中的潜台词。

⑭改编课文为微型独幕剧的剧本。

⑮品析课文更深刻的寓意。

这里的反复品读与提炼，不同于对课文的分析赏析。它着眼于教学设计，着重从阅读能力训练的角度来玩味、揣摩课文。有了这样的深读，就能发现可用于教学设计的资源如此丰富，可用于学生课堂实践活动的资源这样美好。于是我们就一定不会用那种课文肢解式的细碎提问来进行教学，而是有序地组合上述 15 项内容中的几个"点"，设计学生活动充分、能力训练到位的好课。

下面将课文"变形"为三个部分：

赫耳墨斯想知道他在人间受到多大的尊重，就化作凡人，来到一个雕像者的店里。

他看见宙斯的雕像，问道："值多少钱？"雕像者说："一个银元。"赫耳墨斯又笑着问道："赫拉的雕像值多少钱？"雕像者说："还要贵一点儿。"后来，赫耳墨斯看见自己的雕像，心想他身为神使，又是商人的庇护神，人们对他会更尊重些，于是问道："这个值多少钱？"雕像者回答说："假如你买了那两个，这个算添头，白送。"

这故事适用于那些爱慕虚荣而不被人重视的人。

于是可抽象出课文写作笔法的奥妙：概说一笔，细写几笔，议论一笔。这是又一个层面的深读。

将这种笔法用于对学生的写作训练，可以立刻收获好的教学效果。

# 13. 左右勾连，拓宽语文教学的边界

每一位教师都有自己阅读分析课文的习惯、方法与技巧。总的来讲，可用八个字来概括教材阅读的总方法，那就是"上下求索，左右勾连"。这八个字所体现的品得美、读得深、联得宽的境界，是对教学、教师最为有益的阅读境界。

左右勾连之法，用于发现、整合课文资料。它表现出横向联系的思维方式。运用此法，可让我们乐此不疲，体味深刻。如中学语文教材中的风雪描写、表情描写、手势描写……，如中学语文教材中的成语、典故、民俗、地方风情……，如作文训练点的研究、课后练习设计研究、课文前面的导读语研究、背诵量的统计……，又如鲁迅作品、苏轼作品的教学研究，小说作品教学研究，外国作品教学研究等，都是需要前呼后应、左右勾连的。如此才能"凡所应有，无所不有"，如此才能在拥有大量素材的前提下进行更新角度、更深内容的研究。

左右勾连之法，就是"类聚"之法。为了"同类相聚"，需要遍寻整套教材，有时还可以"跨越"到其他版本的教材中去。

请看一个关于"静"的同义美词例子：

①上灯了，一点点黄晕的光，烘托出一片安静而和平的夜。

②四下里一片沉静，广场上一个人也没有，商店和饭馆的门无精打采地敞着。

③爸爸的声音一直很平静，不过带着一种不可抗拒的力量。

④我沉浸在这繁密的花朵的光辉中，有的只是精神的宁静和生的喜悦。

⑤在一片寂静中，我伏在岩石上，恐惧和疲乏使我全身麻木，不能动弹。

⑥后面几排一向空着的板凳上坐着好些镇上的人，他们也跟我们一样肃静。

⑦榕树，它显得魁伟、庄严、恬静、安详……

⑧那不是狂暴的不测的可怕的神秘，而是幽静的和平的愉悦的神秘。

⑨它像一位娴静的少女，迈着轻盈的步子，向长江走来。

⑩忧郁的日子里需要镇静，相信吧，快乐的日子将会来临。

这是一个很美的"句群"。可以用来巧编练习，组织趣味活动，设计别有意境的课文开讲语；还可以用于学生资料积累方法的训练。

再看一个关于"句式"研究的例子：

〔材料〕

①我喜欢海，溺爱着海，尤其是潮来的时候。

②月亮升得很高了。它是那么皎洁，那么明亮。

③"一年之计在于春"，刚起头儿，有的是工夫，有的是希望。

④我心里默念道："这是我的叔叔，父亲的弟弟，我的亲叔叔。"

⑤其实广大的人民是打不尽的，杀不完的！

〔赏析〕

"喜欢"与"溺爱"的含义差不多，"皎洁"与"明亮"的意思差不多，"我的叔叔""父亲的弟弟"与"我的亲叔叔"指的都是同一个人。

句子中这种将意思相同、相近的词语反复使用的现象，称之为"同义复用"。

"同义复用"的作用主要是增加句子的情感力度。将词语换用一下，便可形成两个、三个，甚至四个意思相近的短句，显现句式的形态美，形成语意上的"反复"，同时表现出语音的节奏之美与情感之美。

这又是一个很美的"句群"。可以指导学生提炼、概括其表达规律；可以组织句式仿写、语言学用的活动；也可以此为引子，组织微型的综合性学习活动，让学生发现更多的相同句式。

下面的例子更加有趣：

## 背影

/ 朱自清 /

我与父亲不相见已二年余了，我最不能忘记的是他的背影。

那年冬天，祖母死了，父亲的差使也交卸了，正是祸不单行的日子。我从北京到徐州打算跟着父亲奔丧回家。到徐州见着父亲，看见满院狼藉的东西，又想起祖母，不禁簌簌地流下眼泪。父亲说："事已如此，不必难过，好在天无绝人之路！"

…………

## 散步

/ 莫怀戚 /

我们在田野上散步：我，我的母亲，我的妻子和儿子。

母亲本不愿出来的；她老了，身体不好，走远一点儿就觉得累。我说，正因为如此，才应该多走走。母亲信服地点点头，便去拿外套。她现在很听我的话，就像我小时候很听她的话一样。

…………

## 老王

/ 杨绛 /

我常坐老王的三轮。他蹬，我坐，一路上我们说着闲话。

据老王自己讲：北京解放后，蹬三轮的都组织起来；那时候他"脑袋慢""没绕过来""晚了一步"，就"进不去了"。他感叹自己"人老了，没用了"。

…………

这组材料很奇妙地表现出一种行文布局的规律：第一段开头之后，第二段便承接、紧扣第一段进行"解说"，然后再铺叙故事。

这是用多则材料证明文章局部表达的有趣笔法。这样的发现于作文教学有莫大的好处，它让学生感受到的，除了语言，还有规律。

语文教学的大海永远波澜起伏，但我们可用左右勾连式的撷取，建成一座座格调高雅的"苏州园林"。

# *14.* 详写教案，保证教学设计的质量

下面是我对几份教案设计的点评。

第一则：

教学设计的内容不足千字，难以支持《我的叔叔于勒》这样厚重的作品的教学。

像"品人物""品写法"这样的教学环节，教师如果没有一两千字的准备，上课可能就像隔靴搔痒。

教学内容越是精要之处，越要做好丰厚资料的准备，这才叫作"备课"。

第二则：

《陋室铭》的教学，连作者简介都没有，拿起课本就上课。

教案中反复写"师生共同活动"。什么是"师生共同活动"？学生的活动在哪里？学生怎样活动？根本没有进行设计。

第三则：

《祖国啊，我亲爱的祖国》的教学设计，基本上没有关注课文本身"思考探究"所点示的教学重点与难点。

要简化预习要求；导入时要介绍作家作品和创作背景；要有字词认读、积累教学。

教学顺序：首先有朗读训练，然后有意象品析，最后有背诵积累。

怎样指导学生朗读：本教案没有进行设计与安排。

由于工作的原因，我每年都要简评200多份教学设计。那些教学设计最大的问题，就是没有详细的教案。

其实，培养"详写教案"的能力，就是提高教学能力。教案讲求规范，关注细节，覆盖面大，难度不小，详写教案对教师精细备课能力的提高非常有好处。

每份教案由三个部分构成。第一部分为 1000 字左右的课文赏析短文，以养成深读、美读课文的习惯，培养动笔写作的能力。第二部分为 500 字左右的课文教学资源，其提炼的过程是进一步精选教学内容的过程。第三部分是 1500 字以上的教学方案的设计，要求对学生的课堂实践活动进行详细的设计。如果还有一个部分的话，那就是参考资料目录，用以打开教学视野，增加鲜活资料。

下面是我执教《皇帝的新装》时教学设计第三部分的基本内容：

**教学创意：综合能力训练**

**铺垫活动：作家作品介绍，字词积累**

（1）生字

炫（xuàn）耀　　　　称（chèn）职　　　　妥（tuǒ）当

呈（chéng）报　　　　滑稽（jī）　　　　钦（qīn）差

陛（bì）下　　　　头衔（xián）　　　　御（yù）聘（pìn）

爵（jué）士　　　　骇（hài）人听闻　　　　随声附和（hè）

（2）雅词

炫耀：夸耀。

称职：思想水平和工作能力都能胜任所担任的职务。

头衔：指官衔、学衔等称号。

钦差：由皇帝派遣，代表皇帝出外办理重大事件的官员。

妥当：稳妥适当。

忙碌：忙着做各种事情。

不可救药：病重到不可救治，比喻人或事物坏到无法挽救的地步。药，用药治疗。

骇人听闻：使人听了非常吃惊（多指社会上发生的坏事）。

随声附和：别人说什么，自己也跟着说什么，没有主见。

**教学过程**

活动一　文意把握训练

请同学们给这则童话重新拟一个标题。

师生交流的"标题"有：

媚俗与虚荣的一面镜子

让一个天真的声音活着

说真话的孩子

难道我是一个愚蠢的人吗

深度迷失……

活动二　据文阐释训练

请同学们批注课文第一段的重要作用：

许多年以前，有一位皇帝，他非常喜欢好看的新衣服。为了要穿得漂亮，他不惜把他所有的钱都花掉。他既不关心他的军队，也不喜欢去看戏，也不喜欢乘着马车去游公园——除非是为了去炫耀一下他的新衣服。他每一天每一点钟都要换一套衣服。人们提到他，总是说："皇上在更衣室里。"

师生交流的内容有：

童话先写人物的出场，交代皇帝喜欢穿新装的怪癖，为故事的展开"张本"；

用对比的手法写出皇帝爱新装到了如痴如狂的地步；

"每一天每一点钟都要换一套衣服"和"皇上在更衣室里"是夸张手法的运用；穿漂亮衣服成了皇帝特有的癖好；揭示了故事发生的缘由，为骗子的出场做好了铺垫；

他还喜欢"炫耀一下他的新衣服"，为后文写他穿着那套"新装"——裸体游行预作了伏笔……

活动三　课文精读训练

阅读课文第24～36段，品析"语言描写"的表现力。

师生交流的内容有：

这里对人们的语言描写，表现了骗子、骑士、皇帝、人们、小孩等各种人物。

这里的语言描写，推动了故事情节的发展。

这里的语言描写，是生动美好的细节描写。

这里的语言描写，让大人都成了"骗子"。

这里的语言描写，使故事情节产生了巨大的波澜。

这里的语言描写，在对比中深化着故事的寓意。

用孩子的语言突现了故事的表达目的……

活动四　寓意点示训练

请同学们各写一句话，点示本文的寓意：

"皇帝的新装"与"掩耳盗铃"一样，是"自欺欺人"的代名词。

骗子的高明在于抓住了人性的弱点——自私、虚伪、虚荣。

可悲的是，明明是"愚蠢得不可救药"，自己却意识不到。

"皇帝的新装"成了一切掩盖真实的"美饰"的象征。

透过童话的外表，可以看到作者对所有成人的警告：要说真话。

因为虚荣，因为利益，便可以让骗局成"真"。

应该保持天真烂漫的童心，无私无畏，敢于说真话。

"皇帝的新装"是一种社会现象。

这样的教学设计，有创意设计，有思路策划，有活动形式的安排，有活动的细节内容，有学习成果的呈现，鲜明地表现出利用课文增加学生积累、训练学生能力的教学过程。

# 15. 创新活动，改变满堂提问的习惯

优秀的语文教师，其阅读教学的美好境界是：氛围轻松，内容雅致，节奏匀称，学生活动充分，课堂积累丰富，教师语言简洁。

可是语文教学中习已为常的满堂提问的习惯，损毁着这种美好氛围。处处提问、不断追问、碎问碎答、碎问碎读的教学过程充盈教室，将灵动多姿的教学过程变为单一的琐碎问答活动，压抑着学生的深刻思考、激情诵读与美好想象。

新课标洞悉这种教学现状，反复强调要让学生"多读多写"，告诫我们要"认真钻研教材，正确理解、把握教材内容，创造性地使用教材"，要求我们"精心设计和组织教学活动"。

创新学生课堂活动的设计，让学生在课堂上有充裕的时间进行语言学习实践，是改革课堂教学、提高课时效率的总抓手。

其重要意义是：让学生在大量的实践活动中学习运用祖国的语言文字，在大量的有训练力度的活动中提高语文素养和独立学习的能力，非常自然而又有力地改变教师满堂问、到处问的职业积习。

精心设计和组织教学活动，是所有语文教师需要直面的极其重要的训练。优秀教师教学技能的优化与提高，关键也在于此。

创新学生课堂实践活动的设计，需要注意如下方面的要求：

（1）确保学生在充分占有大量时间的前提下进行学习。

（2）学生主要参与学习语言、习得技巧、发展能力、训练思维的实践活动。

（3）活动要着力训练学生独立思考、依靠自身努力完成学习任务的能力。

（4）课堂教学的过程要着眼于对全班学生的集体训练。

（5）活动的过程也是知识积累和语言学用的过程。

这就叫"学生活动充分"。

"学生活动充分"是语文课堂教学的高层次境界。这种境界能够表现出教师教学理念的时尚，同时又需要教师适应新的教学形式来形成熟练的

教学技艺。

　　教师要让学生在不同的实践活动中学到不同的知识，形成不同的能力。如训练时间较长的、层次清晰的朗读活动，学生独立进行的处理信息、把握文意的阅读分析活动，思考比较充分、阅读比较深入的课文品析活动，目标较为明确、话题比较集中的阐释论析活动，用成"块"的时间来进行想象、探究或创造的写作活动等，这些都是可以根据课文内容合理地进行设计与组织的。

　　这就叫"利用课文训练学生能力"。

　　下面是朱自清《背影》的一节公开课的教学设计。这节课由学生的三次实践活动构成。

　　活动一　全文理解
　　话题：课文结构欣赏。
　　教学过程：
　　①请学生朗读课文，熟悉课文内容。
　　②教师提出"主问题"：请学生阅读课文，阐释《背影》的结构之美。
　　③利用这个"主问题"组织学生开展10分钟左右的默读课文、概括内容、划段分层、勾画评点的自读活动。
　　④利用这个"主问题"开展8分钟左右的课堂交流活动，学生论析《背影》的结构之美。
　　⑤教师课中小结：
　　《背影》的结构是清晰的、精致的：
　　一看全文的"叙议结合"的章法特点：第1～6段叙述故事，第7段议论抒情。
　　二看文中故事的叙述顺序：第2～6段，按故事情节发展的顺序，有序地展开。
　　三看"背影"故事的表达艺术：第2、3段点示背景，第4、5段进行铺垫，第6段详写故事的主要内容。可谓铺垫到位、层层推进、详略分明。
　　四看文中线索："背影"一词在文中出现了四次，既首尾照应、呼应标题，凸显出全文的文眼，又是全文叙事抒情的线索。

五看"泪"的描写：徐州见父，难过的泪；望父买橘，感激的泪；父子分手，怅惘的泪；北京思父，思念的泪。"泪"的描写同样贯穿全文。

…………

活动二　精段品读

任务：研读课文第6段，品析这一段中的最美细节。

学生默读、品析，课中发言。教师小结。

活动三　美段背诵

要求：背诵课文第7段，品味其素朴而又典雅的语言，感受其真切而又深沉的情感。所有学生当堂背诵。

上述"全文理解、精段品读、美段背诵"三项活动中，教师的细碎提问现象基本消失，学生占有大量的时间，进行了颇有思考深度与积累力度的课堂实践活动。

# *16.* 提取资源，丰厚语文教学的滋味

提取教学资源，指的是从课文中提取用于课堂教学中语言学用、知识积累、技能训练的精粹材料。

提取教学资源，是教师研读教材的一种特别方法，这种读法是最本色的细读。即对课文进行语言材料的分类提取与整合，特别是提取其中有利用价值的教学材料。这种读法能够训练教师的分析与综合能力，锻炼教师的细心与耐心，让教师更好地了解课文内部的信息，发现重点的内容，并在提炼与整合中实践基本的研究方法。

多年来我们经常提"开发课程资源"，很少提从教材、课文中"提取教学资源"，殊不知这样浪费了很多精美无比的课文教学材料。

于是许多语文课就因为没有精致丰富的教学资源而陷入在课文表面上兜圈子的教学怪圈。教师碎问学生碎答、没有成形的课中活动、没有学生长时间的课堂实践活动等这些司空见惯的教学毛病的出现，其重要原因就是教师手中没有更多可用的教学资源。

现在我们利用课文《台阶》的节选，来感受"提取教学资源"的味道：

父亲老实厚道低眉顺眼累了一辈子，没人说过他有地位，父亲也从没觉得自己有地位。但他日夜盼着，准备着要造一栋有高台阶的新屋。

父亲的准备是十分漫长的。他今天从地里捡回一块砖，明天可能又捡进一片瓦，再就是往一个黑瓦罐里塞角票。虽然这些都很微不足道，但他做得很认真。

于是，一年中他七个月种田，四个月去山里砍柴，半个月在大溪滩上捡屋基卵石，剩下半个月用来过年、编草鞋。

大热天父亲挑一担谷子回来，身上淌着一片大汗，顾不得揩一把，就往门口的台阶上一坐。他开始"磨刀"。"磨刀"就是过烟瘾。烟吃饱了，"刀"快，活做得去。

台阶旁栽着一棵桃树，桃树为台阶遮出一片绿荫。父亲坐在绿荫里，能看见别人家高高的台阶，那里栽着几棵柳树，柳树枝老是摇来摇去，却摇不散父亲那专注的目光。这时，一片片旱烟雾在父亲头上飘来飘去。

父亲磨好了"刀"。去烟灰时，把烟枪的铜盏对着青石板嘎嘎地敲一敲，就匆忙地下田去。

冬天，晚稻收仓了，春花也种下地，父亲穿着草鞋去山里砍柴。他砍柴一为家烧，二为卖钱，一元一担。父亲一天砍一担半，得一元五角。那时我不知道山有多远，只知道鸡叫三遍时父亲出发，黄昏贴近家门口时归来，把柴靠在墙根上，很疲倦地坐在台阶上，把已经磨穿了底的草鞋脱下来，全在门墙边。一个冬天下来，破草鞋堆得超过了台阶。

父亲就是这样准备了大半辈子。塞角票的瓦罐满了几次，门口空地上鹅卵石堆得小山般高。他终于觉得可以造屋了，便选定一个日子，破土动工。

这里的选文是《台阶》第9～16段。

教师研读课文，从教学活动的角度，可提取如下可用的教学资源：

①认字识词。②概括这一部分的主要内容。③运用带有四字短语或成语的句子概说"父亲"。④提取这一部分中表现父亲辛劳的一个关键词（准备）。⑤阐释这一部分在整篇小说中的作用。⑥精细阅读选文第2段，体味其"概写一笔，细写几笔"的表达特点。⑦细读选文第3段，分析此段的表达作用，体味数字运用的作用。⑧精读选文第7段，欣赏其细节描写的表现力。⑨分析其"照应"手法。⑩体味这一部分的选材特点。⑪品味这一部分中的衬托手法。⑫品味文中的正面描写与侧面描写。⑬分析品味"坐"字的表达作用。

进一步提炼、整合这些教学资源，可设计如下有效的课文品读活动：

活动一　概说能力训练

话题：根据这一部分的内容，用"写"的方式，概说"父亲"这个人物形象。

这次活动的目的，是让学生多角度地感受父亲勤劳节俭、任劳任怨、地位卑微但却显得伟大的农民形象，并让学生在"写"的过程中深入文本，得到概括能力的训练。

活动二　品析能力训练

话题：根据这一部分的内容，用"说"的方式，赏析细节描写的表现力。

这次活动的目的，是引导学生品词论句，赏析细节，感受文中情感，使学生得到品析能力的训练。

上述提取出来的教学资源，都可以在这些活动中得到运用。师生欣赏的内容，包含这一部分的结构之美、选材之美、手法之美、语言之美和情感之美。

活动过程中，学生占有了大量时间，经历了有训练力度的阅读实践。丰富的教学资源，丰厚了课堂教学的滋味。"就课文问课文"的陈旧教学习惯在这里不复存在。

# *17.* 语言教学，需要更有力度的探索

阅读教学中的语言教学，需要语文教师更有力度的探索。

新课标用非常明确的定义，给语文教学指出了一条正确的道路。

新课标在"课程性质"中说：

语文课程是一门学习国家通用语言文字运用的综合性、实践性课程。

这个定义明确地告诉我们：语文课程的关键任务、首要任务是培养学生"国家通用语言文字运用"的能力。

新课标在"课程性质"中接着说：

语文课程应引导学生热爱国家通用语言文字，在真实的语言运用情境中，通过积极的语言实践，积累语言经验，体会语言文字的特点和运用规律，培养语言文字运用能力。

这种强调开宗明义，反复进行，非同寻常，振聋发聩，前所未有。

所以，各个学段的语文教学，都应该有一次极其重要的转型：把语文教学探索与研究的精力，把课堂教学实践的重心，逐步转移到"语文课程是一门学习国家通用语言文字运用的综合性、实践性课程"上面来，逐步转移到"培养语言文字运用能力"上面来。

这种方向的调整或转型，比起那些盲目地推行"模式""导学案"的做法，不知道要有效多少倍，要高雅多少倍。

（1）为了更好地落实"语言学用"教学，教师需要研究与探索在教学中指导学生"学习语言文字运用能力"的内涵。我们在教学中需要完成的主要有：

①新课标和教材所规定、所要求的认字识词的任务。

②新课标和教材所规定、所要求的现代文、文言诗文的背诵积累任务。

③新课标和教材所安排的课内阅读教学的量与课外阅读的量。

④新课标和教材所安排的各类写作训练项目。

⑤新课后练习中所设计的各种语言表达形式的学用与实践。

⑥新课后练习中所设计的有关语言品析、语言表达艺术赏析的训练任务。

⑦教材中所安排的语言知识的学习任务。

⑧教给学生"学用语言"的方法,建议学生更多地背诵、积累课外精美诗文。

(2) 为了更好地落实"语言学用"教学,教师需要研究与发现读写教学中所蕴含的各类"语言学用"的教学资源。我们需要深入探求的主要有:

①把握学段语文教材中生字、生词的数量。

②大略统计学段语文教材中两字雅词的数量。

③大略统计学段语文教材中四字短语,特别是成语的数量。

④提取、梳理语文教材中的各种句型、句式。

⑤提取课文中不同形式的段式。

⑥提取、分析课文中的文章写作范式。

⑦提取、分析常用的开头、结尾的方式。

⑧系统研究记叙、说明、议论、描写、抒情等表达方式的个同表现手法。

⑨研究人们终身要运用的口头表达或"微型写作"的基本形式。

(3) 为了更好地落实"语言学用"的教学,教师需要探索与实践课型、教法的改革。我们需要在很多细节上进行有益的尝试:

①减少课文阅读教学中"分析"的量,降低"分析""品析""赏析"教学的比例。

②增加课文阅读教学中"语言教学"的时间比例。

③创造新的实用的"语言学用"课型。

④将课文阅读教学的设计向"语言学用"重点倾斜。

⑤在课堂教学中更多地运用"读写结合"的方式,让学生在课堂上有更多的实践机会。

⑥创造课堂教学中"字词教学"的新方式、新方法。

⑦创新课堂教学中"语言运用""当堂练笔"的活动形式。

⑧加强朗读、背诵活动在课堂上的落实。

⑨优化作文教学的内容，进行种类更多的片段写作训练。

（4）将课堂教学的重点稳步地向"语言运用"倾斜，以达到新课标所说"语文课程是一门学习国家通用语言文字运用的综合性、实践性课程"的境界，需要无数语文教师，特别是青年语文教师的努力探索。在语文教师提高教学能力的"自我训练"方面，最需要做到的是：

①改变教学习惯，特别是改变课堂教学中零碎提问、碎问碎答的平俗陈旧的教学习惯。

②提高钻研教材、提炼教材的能力，在读写教学中充分利用课文的"语言学用"教学资源。

③尝试运用"板块式教学思路"，在教学设计中给学生安排有足够时间进行特定读写活动的学习"板块"。

④尝试运用"主问题"的提问方式，让学生带着一定的语言学习任务参与实践活动。

⑤进行有组织的"课题研究"，或进行个人的"微型专题"研究，在历时长久、坚持不懈的研究与实践中摸索规律，求得经验，形成成果。

# *18.* 知识教育，注意随文进行的技巧

从学生成长的角度而言，积累知识、学用语言、习得技能、发展思维、陶冶情操是中小学语文教学最为重要的训练目标。

曾有一段时间，语文界出现一种匪夷所思的说法与做法，叫作"淡化知识"，影响深远。无论从什么角度看，这都是荒唐之举。

在新课标中，"积累"一词出现了很多次。这是在提醒我们：学生在语文学习的过程中，一定要有丰富的积累；教师在语文教育之中，不能没有知识教育。

语文教学中的知识教育，内容与类型非常丰富。主要有：汉字知识，修辞知识，简单的语法知识，与教材密切关联的作家作品知识，文体知识，文学知识，古代汉语知识等。

现行教材关注到知识教育的内容并在课后练习中进行了一些渗透。如统编初中语文教材中就有一些：

《我的老师》．记叙性文章常常有一条线索，写作思路就是围绕线索展开的。

《春》：比喻，就是在描写事物或说明道理时，用同它有相似点的别的事物或道理来打比方，使描写生动形象，说理通俗易懂。

《济南的冬天》：拟人，就是把物当作人来写，赋予物以人的动作行为或思想感情。

《黄河颂》：在我们学过的诗歌中，有些诗直白抒情、风格豪迈，有些诗则委婉含蓄。

《木兰诗》：翻译句子，注意上下句的意思是相互补充的。

《邓稼先》：这篇文章的语言很有特色，句式多变。有时句式十分整齐，有时长句与短句交错使用，句式的运用完全服从于表现感情的需要。

《安塞腰鼓》：排比，是把结构相同或相似、语气一致、意思密切关联的一组句子或词语排列起来，以增强语势，加深感情。

《新闻两则》：阅读新闻，要注意它的结构的五个部分，即标题、导语、主体、背景、结语。

《背影》：一些语句，或者能标示事情的起因、经过、结果，或者在写人叙事状物方面富于表现力，或者含义深长，耐人寻味，或者最能表现作者的情意，这样的语句称为关键性语句。

《杜甫诗三首》：对偶，又叫"对仗"，俗称"对对子"，是把两个结构相同、字数相等、意义相关的短语或句子排列在一起的修辞方法。

《湖心亭看雪》：文字简练朴素，不加渲染，这种写作手法就是白描。

《列夫·托尔斯泰》：夸张，是在描写人或事物时故意言过其实，尽量做扩大或缩小的描述。

《雷电颂》：课文运用了象征手法。

《敬畏自然》：反问，是一种用疑问句式来表达确定意思的修辞手法。用否定句来反问，表达的是肯定的意思；用肯定句来反问，表达的是否定的意思。反问的作用是加强语气，加重语言的力量，激发读者的感情，给读者深刻的印象。

《乡愁》：诗人抓住"邮票""船票""坟墓""海峡"这四种物象表达内心情感。

《我用残损的手掌》：注意诗中起修饰作用的相关词语，看看哪些是积极的、暖色调的，哪些是消极的、冷色调的。

《孔乙己》：小说对孔乙己的描写，哪些地方是正面描写？哪些是侧面描写？

《热爱生命》：小说有大量细腻的心理描写与逼真的细节描写。

…………

从教材编写的角度来看，上述内容有些杂乱、浅显、单薄，质量不高。但它们有一个优点值得我们学习，那就是随文进行，自然渗透，经常浸润，形成积累。

随文进行语文知识的教学，应该是每位语文教师的教学理念与基本技能。如初中语文小说作品的教学，各课都有不少的资源可供选择，以达到顺势插入、自然渗透的目的：

《最后一课》：背景，情节，照应，细节描写。

《社戏》：场景，人物群像，照应，景物描写。

《芦花荡》：情节，细节，语言描写，景物描写。

《台阶》：场景设置，对比手法，烘托手法，暗写手法。

《故乡》：工笔描写，白描，对比，外貌描写，肖像描写，语言描写。

《孤独之旅》：环境描写，景物描写，线索，特写，情节陡转。

《我的叔叔于勒》：悬念，伏笔，语言描写，神情描写，波澜，巧合，虚实。

《心声》：伏笔，主要人物，次要人物，穿插手法。

《孔乙己》：儿童视角，正面描写，侧面描写，实写，虚写。

《变色龙》：环境描写，人物出场，语言描写，动作描写。

…………

要胜任上述内容的知识教学，其实并不容易。教师必须具有语用学、文章学、文艺学、文学理论、古典文学等方面的专业知识，才可能融会贯通、取舍自如。从这一点儿看，语文教师根据教学需要进行艰苦的自我训练，更显得意义深远。

# *19.* 精选范文，改善作文教学的窘况

中小学的作文教学弱点甚多。作文教学无计划、无序列的状况普遍存在。很多教师没有精选、积累范文的习惯，教学时捉襟见肘、难以应对。大量教师的课堂作文教学没有详案。

有时候，我们很难有办法全面提高作文教学的质量，但强调教师个人的教学素养、优化教师个人的教学技能，却不失为普遍有用的措施。

语文教师可以用"精选范文"的方法来丰富积累、提高能力。

教师在精选范文的过程中，需要品读鉴赏、分析对比、及时提取、分类整合，这样既有选文方面的收获，又有资料积累习惯的养成。试想，如果一位语文教师收集了一百篇、两百篇，甚至几百篇作文指导范文，那么这位教师的作文教学是不是可以游刃有余、锦上添花呢？

学生作文的范文，很多就是课文。

低年级的阅读课文往往是高年级的作文范文。由于课文本身的精致，当它们被用作作文范文的时候，在很多方面都会有明显的示范作用。如下文，是人教版小学二年级上册语文课文，原标题为《日记两则》：

## 梦中的花裙子
### 6月1日　　星期五　　阴

昨天晚上，我做了个梦。梦见我穿上了摆在商店橱窗里的那条裙子。那是一条镶着花边的百纱裙。我穿着它走进学校，同学们都投来羡慕的目光。今天是我的节日，妈妈一定会给我买那条裙子。

妈妈下班了，手里提着一大包东西。我迫不及待地打开包，里面有两条粉红色的布料连衣裙，两个红书包，两套《少年儿童百科全书》，就是没有我心爱的裙子。

妈妈把礼物分成两份，给我一份，留下一份，说那一份是给阿英妹妹的。

阿英妹妹是谁？她在哪里？妈妈明明知道我喜欢那条裙子，却不给我买，妈妈真小气！

7月22日　　星期日　　晴

　　阿英妹妹昨天到我家来了。

　　阿英是个苗族小姑娘，家住贵州山区。她告诉我，是妈妈一直寄钱帮助她读书，要不，她早就失学了。她还说，她穿的衣服和来我家的路费，也是我妈妈寄去的。阿英很勤快，总是帮妈妈干活，她很好学，不是看书就是问问题。

　　昨天晚上，我又做了个梦，梦见妈妈带我去买那条裙子。我没让妈妈买。我说把钱省下来，可以买好多书。在梦里我和阿英一起去了苗家山寨，看到了许多苗家小姑娘。我从书包里拿出书送给她们，她们高兴得围着我跳起舞来。

　　这篇课文以小见大，通过一件小事表现了一种美好的社会现象，赞美了妈妈的爱心。

　　它用特别的形式叙述完整的故事：分述故事，形式新颖；结构对称，一线贯穿；思路清晰，情节生动，浑然一体。

　　它用特别的手法增加美感：有悬念，有释念；有实写，有虚写；有预伏，有照应；有正面描写，有侧面烘托；以梦开始引人入胜，以梦收束意味深长。

　　它用特别的笔触表达内心情感：写出了渴望，写出了误解，写出了理解与真诚；情节一波三折，心情跌宕起伏；连日记中的日期都用来表达心情的微妙变化。

　　所以，这篇课文在写作上给我们的启迪是：美在选材角度，重在形式优化，精在手法运用。它可以是中考"写好一个人物群体"之类作文的范文之一。

　　学生作文的范文更多地在日常读物中。

　　教师在日常阅读中要做"积累范文"的有心人，见到好文章，及时记载、录入，顺势进行，高效省力。

　　如下面的短文，摘自2013年9月1日《光明日报》第9版：

## 一语化像

如果我能用语言来讲述故事，我就不必带上相机了。

——刘易斯·海因

一个贵州苗寨的男孩儿光着屁股，和小伙伴在河边玩耍，当他淌着鼻涕对我欢笑时，那种无忧无虑让我也跟着心花怒放起来。此时的他沉浸在自己的快乐中，大约从来没有想过所谓的"以后"，生活的种种可能还没有在他小小的脑海里占据空间，却在我的思绪里延伸开来。（作者：草帽车）

这是一位摄影师对自己拍摄的一幅照片进行的简短生动的说明，文字不长但结构明朗，舒展大气，布局谋篇颇有匠心。在这极短的篇章之中，作者居然先引用美国著名摄影家的一句话来"代表"自己进行抒情，接着又用非常抒情的笔调介绍自己的作品。全文表达角度别致，语言富有情感，文化氛围浓郁，表现出"照片说明"的一种别有韵味、颇有创意的写法，是学生学写此类微文的好范文。

学生在习作训练上非常单调，视野不宽，种类不多，生活的味道不浓，其主要原因在于教师没有进行各类情趣之文的写作指导——因为教师自己既不知，也不写。

作文教学，呼唤教师的开阔眼界、精美积累、择优使用。

# 20. 了解标准，增加自我训练的动力

"标准"一词，往往用于表现行业基本的工作规范，但即使面对着"基本"的工作标准，我们有时也会因为自己的专业能力有限而感到汗颜。

很多教师不知道教育部于 2012 年初颁布的《小学教师专业标准（试行）》《中学教师专业标准（试行）》（以下统称《教师专业标准》），它要求教师做到"学生为本，师德为先，能力为重，终身学习"。其中：

《中学教师专业标准（试行）》是国家对合格中学教师的基本专业要求，是中学教师实施教育教学行为的基本规范，是引领中学教师专业发展的基本准则，是中学教师培养、准入、培训、考核等工作的重要依据。

这段话连续说了三次"基本"，好像没有很高的要求，但文件中一共提出了几十条标准。可以说，即使在毕生的教学生涯中付出极其艰苦的努力，我们也很难"达标"。

很多教师也不知道教育部于 2012 年 5 月颁布的《"国培计划"课程标准（试行）》，这是一部全新的、用于对教师进行全面培训、提升教师综合素养的课程标准。

在《"国培计划"初中语文教师培训课程标准》中，有一部分表述的是关于"中西部置换脱产研修"的课程标准。

说到"中西部"，好像是指教育不太发达的地区，所规定的内容好像也只是与"培训"有关，但仅就有关"学科知识"的小部分内容看，已经表现出相当的难度、广度与深度：

汉语言文字的特点：汉语语音的情感的关联，汉字形体构造与意义，汉语"意联"的语法特点和流水句，对语文教学的意义

古典诗词吟诵：古典诗词，格律，节奏，音韵，吟，诵，腔

文章学研究的新进展：常用的表达方式及含义辨析，段落及组织，实用文章的文类与文体，实用文章的语言表达特点

文学理论与语文教学：文学文类和文体特征，散文的独特性，叙事话语与抒情话语，文学作品的多元理解

阅读与学习阅读：阅读的观念，阅读过程及阅读中的"理解"，文章体式与阅读方法，阅读规则和策略

…………

上述所列，基本上是语文教师应该知道或掌握的知识内容，应该是在语文教学中能够有选择地恰切地用于教学的内容，但从实际的教学状况来看，很多资深语文教师也觉得处处陌生。从小的概念来看不知道什么是"流水句"，从大的概念来看不清楚什么是"文章学""文章体式与阅读方法"，平时谈都不谈"吟""诵"于古典诗词教学中的运用，这些是几乎所有语文教师最难把握的教学技能。

所以，我们往往是在自身的知识和能力不足的前提下天天走进课堂，天天教育我们的学生。

如果教师对此没有感觉，没有自省，就没有提升自身素养、坚持自我训练的追求，当然也就没有了教学之中的成长进步。

再看《"国培计划"初中语文教师培训课程标准》中有关"教学设计"方面的部分培训内容：

语文教学设计的要点及教案样式：确定教学目标，选择教学起点，设计2～3个教学环节，台阶状教案样式

文本的教学解读及其要领：依据文本体式选择教学内容，根据学生学情确定教学内容，案例分析

文言文教学设计的要领：强调诵读，着力于文言文的章法考究处、炼词炼句处，依原则处理文言文中的字词

初中写作教学设计案例分析：侧重于教学内容角度分析，成功课例及理据，失败课例的原因分析，基于信息技术的写作教学案例

写作教学的过程化设计及研讨：记叙类、阐释类、论辩类等写作教学设计实践，对"写中"的指导，设计相应的教学活动

…………

这些内容同样给人浩如烟海、繁难无边、深不可测的感觉。

可以说，在这样的培训标准面前，中小学语文界的任何教师，其学问、其能力、其业绩，都可能只是大海之一滴、冰山之一角。

这就是"专业"的"标准"带给我们的压力与动力。

"标准"的作用，就是提醒我们、要求我们成为真正胜任本职工作的教师。如果感觉不到差距，感觉不到压力，我们也许就没有对于教师职业的敬畏感，对于提高自身能力的紧迫感。

了解一些职业的"标准"大有好处。它们激励着我们：语文教学的世界丰富深远，行业的"标准"总在前面引路，只有企盼达到它的高度，我们才能知道自己的渺小，才会在"终身学习"的努力中时时有进步。

第三章

# 细化教材研读

# *21.* 文意概写：文本细读一

优秀的语文教师，需要练好阅读教学、作文教学、复习备考教学、论文写作、专项研究和读书学习等方面的本领。这些本领的基础，是教材研读的本领。如果教师研读教材的本领高强，并且善于利用教材设计学生的习练活动，就可以说是站稳了自己的讲台。

语文教师提高自己的教材研读能力，最关键的是"细读"。要从文意概括、要点概说、分解提取、语言品析、章法分析、手法欣赏、选点深读、课文比读、写作借鉴、朗读体味等不同的角度反复地、独立地研读课文。把教材读"厚"，把教材教"薄"，是教学的真谛。

文本细读的方法之一，是文意概写。

文意概写，是指用"写"的方法概括文意，包括对单元课文内容、单篇课文内容、课文要点、课文段意、人物性格特点、笔法手法特点、写作规律提取等方面内容的概括。

应该说，"概写"是概括的前提，是"概说"的基础，同时也是语义教师训练自己、提高教材分析能力的好方法。

看下面几例，可见"写"的难度，可见字字落实的"写"的过程对自己的磨炼：

这是一篇别具一格的游记作品。与一般游记作品以人的游踪为线索不同，作者化身为一滴水，以水的踪迹为线索，全方位展现了丽江古城的自然风光、历史沿革和人文景观，构思新颖，视角独特。这滴水，自玉龙雪山流下，一路向南，流过美丽的丽江坝，看过初建的丽江城，见证了人世的沧桑巨变；最终在昏睡数百年后再次醒来，来到现代的四方街。他登上水车，远眺古城全貌；跨入小店，领略东巴文字的魅力；投身民居，体验百姓生活的恬淡；之后穿城而出，欣赏古城五彩斑斓的夜和旷野宁谧澄澈的美；在得偿凤愿后，跃入金沙江，完成了圆满的丽江之行。

这是课文《一滴水经过丽江》的阅读提示。这里的概括覆盖全面，思路清晰，层次明朗，语言精美，非细心斟酌不能写出。

《卖油翁》的故事中有两个人物，有两种"道具"。第一段中写陈尧咨的两个词用得好："善射"写出了他的特长，"自矜"点出了他的弱点。有两处写卖油翁的词语用得好："睨之"表明卖油翁的不以为奇，"但微颔之"是略表赞许，暗示了卖油翁也非等闲之辈。第二段中写陈尧咨时"忿然"用得好，"笑而遣之"用得好，转"忿"为"笑"，写出了陈尧咨的折服。写卖油翁时"无他，但手熟尔""我亦无他，惟手熟尔"这两句话有表现力，既表现了他的谦逊与朴实，又是文中的点题之句……

这是对一篇课文整体内容的艺术而又全面的介绍。它既表现出教师对课文阅读角度的精细，也表现出别有创意的简明概括。

美文《散步》通过描叙一家人"散步"，写出了三代人之间真挚的爱，表现了我国尊老爱幼的传统美德。作者精心选材，以小见大，写了事，写了景，写了情，写了意；抒写了一件事，表达了一个"理"。课文启迪我们：幸福的家庭是美好生命的摇篮；作为中年人，长辈和晚辈就是他的整个世界。全文语言充满诗意，情趣盎然而又含义丰富，表现出深沉而欢愉的感情基调。

这里用简洁的文字，从内容、手法、主题、语言特点多个方面对《散步》进行了综合的概括，容量丰厚。

第1段，写小小的石潭、奇丽的景色。
第2段，写清澈的潭水、快乐的游鱼。
第3段，写蜿蜒的小溪、参差的石岸。
第4段，写凄清的景物、孤寂的感受。
第5段，写同游的朋友、跟随的小生。

这是对《小石潭记》的要点概括，也是对段意的诗意概括。其表达讲究形式美，可谓字斟句酌，美好精致。

在卷草破屋的狂风面前，诗人是一个无可奈何、心情愁苦的人。

在公然抱茅的顽童面前，诗人是一个万般无助、内心痛苦的人。

在床头淋湿的漏屋面前，诗人是一个寒湿交迫、心中悲苦的人。

在忧国忧民的思虑面前，诗人是一个胸怀博大、激情奔放、希望崇高的人。

　　四小段的文字，对《茅屋为秋风所破歌》中杜甫的人物形象进行了生动的概括，准确地表现了诗中人物性格和人物命运的特点。

　　…………

　　教学研究中的任何一个点，都可以让我们有很多新的发现。就像这里所说的"概写"，有太多的形式与内容值得我们尝试。

# 22. 章法品析：文本细读二

　　"章法"二字，好像远离语文教师，远离语文教学，其实它天天都在教学的身边。只不过语文教师过于辛劳，难得有机会静下来对课文的章法进行审美。

　　"章法"一词，常常用于写作指导，也用于诠释绘画、建筑、雕塑、篆刻等事物在谋篇布局上的特点，有时还指解决问题的思维方式或方法。

　　从阅读的角度来看，章法就是指文章的结构模式。

　　通俗一点儿说，从谋篇的角度将某篇文章的开头、结尾、过渡、照应、衔接、层次、详略、线索等诸多因素有机地、恰切地、艺术地组合在一起的方法就是章法。

　　在阅读与写作中常常说到的章法，指的是某种文章结构的规范形式，所谓"不讲章法"或"没有章法"说的就是对文章结构规范形式的偏离或者背离。

　　章法知识的丰富以及章法分析鉴赏的能力对于语文教师的重要性，可以用"非同小可"四个字来形容。这是因为，不论是阅读还是写作，不论是分析还是赏析，如果没有它们做后盾，语文教师在教学过程中的表达就可能平俗空洞。

　　比如，如果教师不懂得或看不出如下"结构技法"，那么如何对学生进行点拨，如何让学生的眼光也变得犀利起来？

　　开门见山、卒章显志、首尾照应、篇末点题、夹叙夹议、点面结合、巧妙穿插、先抑后扬、过渡转折、承上启下、重章叠句、逐层深入、伏笔照应、悬念释疑、巧合误会、意外结尾、宕开一笔、主次详略、一波三折、一线贯穿、倒叙插叙……

　　教师在提升章法分析的能力上进行自我训练，比较好的切入口就是坚持进行"三式"分析，即对课文的"篇式""段式""句式"进行详细的分析与体味。这种分析与体味可以分类进行，坚持对诗、文的"篇式"即篇章结构进行分析与鉴赏；所见越多，分析越认真，眼光就会越独到。

如果语文教师有了洞穿章法特点的眼光，就有可能真正达到"生平多阅历，胸中有丘壑"的教学境界。

我们来看一则选自《资治通鉴》的小故事——《孙权劝学》：

初，权谓吕蒙曰："卿今当涂掌事，不可不学！"蒙辞以军中多务。权曰："孤岂欲卿治经为博士邪！但当涉猎，见往事耳。卿言多务，孰若孤？孤常读书，自以为大有所益。"蒙乃始就学。及鲁肃过寻阳，与蒙论议，大惊曰："卿今者才略，非复吴下阿蒙！"蒙曰："士别三日，即更刮目相待，大兄何见事之晚乎！"肃遂拜蒙母，结友而别。

这是一篇蕴含着丰富教学资源的小古文。作为课文来讲，语文教师可以利用它来进行朗读、字词、译写、复述、分层、背诵、品析人物性格、揣摩语言特点、表达读后感悟等多种内容的教学。如果教师在章法上对它有更加深刻的观察，就可以让学生有更多更好的收获。

这则故事表达美妙，语中有人，事中有理。对它进行"篇式"欣赏，其章法之妙，可以让我们大开眼界。

首先，我们将它变形为两个层次：

初，权谓吕蒙曰："卿今当涂掌事，不可不学！"蒙辞以军中多务。权曰："孤岂欲卿治经为博士邪！但当涉猎，见往事耳。卿言多务，孰若孤？孤常读书，自以为大有所益。"蒙乃始就学。

及鲁肃过寻阳，与蒙论议，大惊曰："卿今者才略，非复吴下阿蒙！"蒙曰："士别三日，即更刮目相待，大兄何见事之晚乎！"肃遂拜蒙母，结友而别。

然后，我们对其章法特点、手法特点进行细细地品析：

①时间顺序，自然成章。
②层次清晰，繁简得宜。
③转折轻巧，似断实联。
④正面侧面，相得益彰。
⑤淡化时空，留有空白。
⑥剪辑镜头，以简驭繁。

⑦一事两写，曲直有致。

⑧起笔直叙，收笔自然。

最后，我们对其对话描写之美、语言简洁之美、情趣理趣之美进行赏析，就会越发觉得它美不胜收了。

# 23. 字词梳理：文本细读三

字词梳理，撷取文中精华，是语文教师阅读课文的一种特别的方法。因为教学的需要，只有语文教师才需要这样做，而且越是基础年级越是要做得细腻扎实一些。

字词梳理，既是积聚语言文字的方法，也是让教师深入课文，帮助教师运用、实践一些研究的方法。

字词梳理，并不像我们平时上课那样，挑选若干字词来进行教学就行了。其中的操作过程，需要提取、组合、分类、发现、命名等若干步骤，有时还需要进行综述。比如：

《春》中运用了大量叠字，全文600多字，叠字词共约20个，40余字。课文还大量运用轻声、儿化、以及齐齿呼、合口呼、撮口呼的字，轻柔优美，有如缕缕春风。文中句式以短句为主，全文80多句，最短的两个字，七个字以下的句子有60句左右。短句简练，节奏轻快活泼，适合描摹春天的旋律。

看起来只是几行字，其实是经过反复梳理、统计、发现之后的一种微型的研究综述。

对课文的字词进行梳理，还可以尝试如下方法。

(1) 自然排列。按生字、难词、短语的类别罗列，顺势注音。如《济南的冬天》：

生字：
伦敦（dūn） 镶（xiāng）边 宽敞（chǎng） 水藻（zǎo） 贮（zhù）蓄 髻（jì）

生词：

温晴：温暖晴朗。

设若：假若、如果。

安适：安静而舒适。

境界：事物所达到的程度或表现的情况。

贮蓄：存放、储藏。

澄清：清亮。

空灵：灵活而不可捉摸。

（2）组成专辑。精心提取课文中别有意味的一组或一类字词。如《春》中的精妙用字：

①欣欣然<u>张</u>开了眼。

②太阳的脸<u>红</u>起来了。

③小草偷偷地从土里<u>钻</u>出来。

④蜜蜂嗡嗡地<u>闹</u>着。

⑤<u>散</u>在草丛里像眼睛，像星星。

⑥人家屋顶上全<u>笼</u>着一层薄烟。

⑦小草儿也青得<u>逼</u>你的眼。

⑧<u>唱</u>出宛转的曲子。

（3）趣味发现。找出别人没有发现的奇妙的用字、用词现象。如《最后一课》中与"心"有关的一组词语和句子：

①用心：今天是你们最后一堂法语课，我希望你们多多用心学习。

②关心：你们的爹妈对你们的学习不够关心。

③细心：我觉得我从来没有这样细心听讲过。

④耐心：他也从来没有这样耐心讲解过。

⑤专心：个个都那么专心，教室里那么安静。

⑥分心：有时候一些金甲虫飞进来，但是谁都不注意，连最小的孩子也不分心。

⑦伤心：可怜的人啊，现在要他跟这一切分手，叫他怎么不伤心呢？

（4）分类辨析。用比较、辨析的方法辑录一组或一类字词。如《陈太丘与友期》：

两个分别表示敬辞与谦辞的美字　令：敬辞。家：谦辞。

两个字形不同而意思相近的字　舍：放弃，文中指"不再等"。委：

抛弃，丢下，舍弃。

两个能够表现本文要义的字　信：信用。礼：礼貌。

（5）顺势牵连。利用课内的字或词，顺势引进课外丰厚的字词内容。
如《木兰诗》：

万里赴戎机，关山度若飞。

戎机：指战争、军事。

戎：古代兵器的总称。

戎：军队，军事。如，兵戎相见、投笔从戎、一身戎装。

戎马：军马，借指军事、战争。如，戎马生涯、戎马倥偬。

（6）统计发现。对课文中字词运用的频率进行统计，得到新的发现。
如《背影》：

《背影》的语言，是反复运用、语中含情的语言。如，两用"踌
躇"，两次"忙着"，两个"慢慢"，两次"惦记"，两个"不要"，两
次"抱"，两写"肥胖"，两用"再三"，三次"嘱"，三次"爬"，四个
"终于"，四写"泪"，四写"背影"。

（7）专门集纳。着眼于或单篇或单元或全册或全套教材进行字、词的
分类集中。如《三峡》中描写景物的短语：

两岸连山，略无阙处。

重岩叠嶂，隐天蔽日。

夏水襄陵，沿溯阻绝。

朝发白帝，暮到江陵。

素湍绿潭，回清倒影。

悬泉瀑布，飞漱其间。

晴初霜旦，林寒涧肃。

# 24. 评点批注：文本细读四

不少教师都谈到在课堂教学中让学生实践评点批注的学法，其实这种古老而又富有生命力的学法首先应该用来训练教师自己。

语文教师用评点批注的方法细读课文，其训练意义在于：可以紧扣文本，实践体会，获取真知，提高自己的审美情趣；在评点的过程中养成静心读书、深入思考的习惯；锻炼自己评价、鉴赏、发现、归纳、质疑，以及准确运用语言文字进行阐释的能力。

对课文进行评点批注式的阅读，其着眼点、其方法、其繁简、其深浅、其雅俗都可以不拘一格，关键要自己动笔、紧扣文本、细读细研、涵泳玩味。如评析关键词句；对作品的思想内容、人物形象、艺术手法、文字表达进行专项评鉴；对全文进行逐段评析；对精段进行品味，对美句进行点评；写出综合性的总评文字等。

下面是我实践、创新的课文评点形式。

（1）"三步式"（难词注释、诗句描述、文笔点示）诗联评点法。如杜甫《望岳》品评：

①遥望之笔。

**岱宗夫如何？齐鲁青未了。**

岱宗：泰山，亦名岱山，五岳之首，故又名岱宗。夫：语气词。

泰山的威仪怎样呢？那一脉苍莽的青色横亘在齐鲁，无尽无了。

这是遥望之笔：问句表达对泰山的惊叹，答句点出其巍峨的气势；"青未了"写泰山青峰连绵，一望无际。

②远望之笔。

**造化钟神秀，阴阳割昏晓。**

造化：天地，大自然。钟：聚集。阴阳：山北为阴，山南为阳。

大自然在这里凝聚了一切神奇秀美，山北山南一边暗一边明，好像被划分为黄昏与清晓。

这是远望之笔："钟"字将大自然描写得如此有情；"割"字炼得极好，突出了泰山遮天蔽日的形象。

③近望之笔。

　　荡胸生层云，决眦入归鸟。

荡胸：心胸摇荡。曾云：层云。决眦：眼角几乎要裂开。

看山中云层叠起，不禁心胸摇荡，极目远眺，那暮归的鸟儿隐入了山林。

这是近望之笔：团团云气层出不穷，写泰山的高险；凝望鸟儿渐入山谷，写泰山的幽深。

④述志之笔。

　　会当凌绝顶，一览众山小。

会当：终当，一定会。凌：登上，直上。绝顶：山的最高峰。

我一定会登上泰山绝顶，放眼四望，群山是那样渺小！

这是述志之笔：点明题旨，气势不凡，意境辽远；是千百年来广为传诵的名句。

(2)"分层式"综合评点法。如寓言《蚊子和狮子》评点：

①故事的开端。

　　蚊子飞到狮子面前，对他说："我不怕你，你并不比我强。若说不是这样，你到底有什么力量呢？是用爪子抓，牙齿咬吗？女人同男人打架，也会这么干。我比你强得多。你要是愿意，我们来较量较量吧！"

通过语言描写，表现了蚊子的坚定与自信，着力刻画蚊子勇敢无畏的形象。

"较量"一词，笼罩全文。

这是故事的第一层：写蚊子向狮子挑战。

②故事的发展。

　　蚊子吹着喇叭冲过去，专咬狮子鼻子周围没有毛的地方。狮子气得用爪子把自己的脸都抓破了。

描写生动，写蚊子向狮子进攻。"吹""冲""专""咬""气""抓"等字词富有表现力，战斗的场面写得有声有色。

这是故事的第二层：写蚊子与狮子的战斗。

③故事的发展并推向高潮。

蚊子战胜了狮子，又吹起喇叭，唱着凯歌飞走，却被蜘蛛网粘住了。

简笔勾勒，写蚊子胜利后的表现。"吹着喇叭，唱着凯歌飞走"是传神之笔，活画出蚊子骄矜得意、忘乎所以的情态。

战前的"吹"，显示蚊子一往无前的坚定果敢；这里的"吹"，表现蚊子得意忘形的神态。

"粘"字，表现了故事情节的陡转。

这是故事的第三层：写蚊子胜利后的悲剧。

④故事的收束。

蚊子将要被吃掉时，叹息说，自己同最强大的动物都较量过，不料被这小小的蜘蛛消灭了。

语言描写，写蚊子的叹息。"叹息"与上文中很多地方形成对比。突出蚊子可悲可笑的下场。"不料"一词有丰富的表现力，表现蚊子到死也没有弄明白自己为什么丧命。

这是故事的第四层：写蚊子临死前的叹息。

本篇寓言构思精巧，情节大起大落，角色形象鲜明，语言富于表现力，故事的寓意耐人寻味。

# 25. 精段品读：文本细读五

课文中经常有精致美好的语段，它们是读写训练的重要素材。

如《散步》中的一个语段：

这南方的初春的田野！大块儿小块儿的新绿随意地铺着，有的浓，有的淡；树枝上的嫩芽儿也密了；田里的冬水也咕咕地起着水泡儿……这一切都使人想着一样东西——生命。

我们可以利用它设计两次很有训练力度的活动：①深情朗读、背诵，结合文章内容分析它在全文中的作用；②分析其结构特点，学用这种表达方法仿写一段写景抒情的文字。

请班上的每个学生都来参与、实践这两项读写活动，至少需要10分钟，学生会大有收获。

由于一些教师细读课文的能力欠缺，所以比较难以设计上述利用课文训练学生能力的课堂活动。所以，对课文的精段进行深读、美读就成为语文教师自我训练的最重要的内容与抓手。

下面是《最后一课》中写"最后一课"的片段，我们可以从多个方面来品读它：

语法课完了，我们又上习字课。那一天，韩麦尔先生发给我们新的字帖，帖上都是美丽的圆体字："法兰西""阿尔萨斯""法兰西""阿尔萨斯"。这些字帖挂在我们课桌的铁杆上，就好像许多面小国旗在教室里飘扬。个个都那么专心，教室里那么安静！只听见钢笔在纸上沙沙地响。有时候一些金甲虫飞进来，但是谁都不注意，连最小的孩子也不分心，他们正在专心画"杠子"，好像那也算是法国字。屋顶上鸽子咕咕咕咕地低声叫着，我心里想："他们该不会强迫这些鸽子也用德国话唱歌吧！"

①朗读，把握基调，以声传情。②用10个以内的字概括这一段的文意。③分析这一段的写作思路。④阐释此段文字在整篇小说中的表达作用。⑤品析"韩麦尔先生发给我们新的字帖"的表达作用及"国旗"的比

喻之美。⑥分析"个个都那么专心"的细节描写。⑦分析环境描写的作用。⑧品味"我心里想"的表达效果。⑨体味这段文字中的表现手法。

以上 9 个方面的品析，可以让任何一位细读此段的语文教师有所收获。

下面是曹文轩《孤独之旅》中的暴风雨描写片段，来看看对它的细读角度：

> 那天，是他们离家以来遇到的最恶劣的一个天气。一早上，天就阴沉下来。天黑，河水也黑，芦苇荡成了一片黑海。杜小康甚至觉得风也是黑的。临近中午时，雷声已如万辆战车从天边滚过来，不一会儿，暴风雨就歇斯底里地开始了，顿时，天昏地暗，仿佛世界已到了末日。四下里，一片呼呼的风声和千万枝芦苇被风折断的咔嚓声。

①概括段意。②圈出这一段的关键词。③分析其层次及展开的顺序。④欣赏这一段文字的细节之美。⑤欣赏这一段文字的手法之美，特别注意其虚写手法。⑥品析它在小说情节发展中的作用。⑦品析它在表现小说人物形象方面的作用。⑧用朗读的方式表现这段文字的层次之美。

以上 8 个方面的品析，也可以让任何一位细读此段的语文教师有所收获。

我们据此提炼出语文教师细读段落、进行自我训练的基本角度：

①朗读体味。②文意概括。③思路分析。④语言品味。⑤手法品析。⑥表达作用和表达效果阐释。

唯有通过这样的细读与品析，语文教师才有可能在一次又一次的思索中逐步提升自己研读教材的能力，才能真正明白课文中蕴藏的训练资源是多么美好，才能在教学中让学生真正地有收获、增能力。

# 26. 语言品味：文本细读六

能够对语言进行品味，是每位语文教师的基本能力之一；引导学生品味语言，是课堂阅读教学的重要内容之一。所以，语文教师需要在教学中坚持对自己语言品味能力的训练。

语言品味指的是对作品中的语言文字进行品析、体味、品评与欣赏；或者说，语言品味是结合具体的语境，对语言的运用与表达进行推敲与玩味；再换一种说法，语言品味就是对作品中的语言文字进行揣摩与品咂。

教师进行语言品味能力的训练，需要先了解新课标的要求。新课标在"学段要求"中这样表述了对学生的训练要求：

在通读课文的基础上，理清思路，理解、分析主要内容，体味和推敲重要词句在语言环境中的意义和作用。

欣赏文学作品，有自己的情感体验，初步领悟作品的内涵，从中获得对自然、社会、人生的有益启示。能对作品中感人的情境和形象说出自己的体验，品味作品中富于表现力的语言。

知道了这些说法，就知道了语言品味的不同层面的要求，知道了语言品味并不是语文教学界曾一度流传的所谓"删一删""换一换""改一改"的机械呆板地、简单地用于字词品析的做法。

教师开始进行语言品味能力的训练，起步就要关注"语感"训练，即要求自己能够比较直接、迅速地感悟或感受到语言文字表达的特点。如对《春》中的"春草图"的"感觉"：

小草偷偷地从土里钻出来，嫩嫩的，绿绿的。园子里，田野里，瞧去，一大片一大片满是的。坐着，躺着，打两个滚，踢几脚球，赛几趟跑，捉几回迷藏。风轻悄悄的，草软绵绵的。

这段文字先写草，写一大片一大片的草；接着写人，先写人的活动，再写人的感受，以人的活动烘托小草的可爱。文段给我们如下感觉：时令感——小草偷偷地从土里钻出来，"偷偷"用得好，"钻"字用得好；画面感——小草和快乐的人们构成视觉感鲜明的画面；质感和色彩感——嫩嫩的，绿绿的；动静感——一片一片的嫩草和享受春光的人；层次感——写草，写人，写人的感受；对称感——短句之妙；音乐感——叠字运用；轻快感——多用短句，节奏轻快活泼；情味感——叠词的运用，排比和倒装句式的运用；诗意感——生动传神的动词，含情反复的句子。全段写初春刚刚萌发的小草，写人们游春之乐，欢悦之情溢于言表。

教师进行语言品味能力的训练，要非常关注品析角度的训练。应常常要求自己从写了什么、表现了什么、这样写的好处、这样写的作用与效果、这样写的手法、这样写的形式、为什么要这样写、这种写法的可学用性等角度在具体语境中对语言文字进行品味。如对《大自然的语言》首段的语言品味：

立春过后，大地渐渐从沉睡中苏醒过来。冰雪融化，草木萌发，各种花次第开放。再过两个月，燕子翩然归来。不久，布谷鸟也来了。于是转入炎热的夏季，这是植物孕育果实的时期。到了秋天，果实成熟，植物的叶子渐渐变黄，在秋风中簌簌地落下来。北雁南飞，活跃在田间草际的昆虫也都销声匿迹。到处呈现一片衰草连天的景象，准备迎接风雪载途的寒冬。在地球上温带和亚热带区域里，年年如是，周而复始。

语言表达生动雅致。"翩然归来"描绘了燕子的轻捷、洒脱，"簌簌地"写出了树叶纷纷飘落的动态，"衰草连天"形容深秋景象的荒凉，"风雪载途"点出严冬的酷寒。这些词语精练优美、音韵和谐，给人美不胜收的感觉。

语言表达层次清晰。第一层用句式优美、衔接自然的语言按照时间顺序描述了大自然一年之中的气候、物候特点；第二层用极有概括力度的八个字"年年如是，周而复始"点出物候规律。先分写，再总写，结构明朗，思路完美。

本段作为全文的首段，有着重要的表达作用与表达效果。它紧扣课文标题，寓说明于描写之中，如同展现一幅四季风光画卷。既引人入胜，又使人联想。既激发了读者的阅读兴趣，又巧妙地引起了下文。

教师进行语言品味能力的训练，还应要求自己用简练、准确、雅致的文字写下自己的见解，如同以上的赏析文字那样。

# 27. 读中觅写：文本细读七

读写结合是天然的教学现象。阅读教学中如果没有了"写"，就损失了半壁江山。遗憾的是在日常教学中，许多教师的阅读课都没有让学生动笔，将大量宝贵的时间浪费在琐碎的问答、浅淡的讨论和教师超量的话语上。

语文教师在阅读教学的过程中，应该腾出时间让学生多读多写。语文教师在研读教材的过程中，需要细读课文，"读中觅写"，提炼出让学生能够学写、仿写、摹写、自由写作的种种好材料，让学生能够依托课文中的语料，自然而然地写起来。

让我们一起来寻觅。

许多课文都给我们以取材角度、谋篇布局的启迪。比如：

童年色彩 《从百草园到三味书屋》：从一个地方写到另一个地方。

少年世界 《走一步，再走一步》：从细腻的"叙述"写到大段的"议论"。

怀念亲情 《背影》：从略写到详写，从记叙到抒情。

歌吟山水 《三峡》：春、夏、秋、冬，一种表达的思维。

奇美镜头 《小石潭记》：移步换景，镜头特写，融情于景。

…………

许多课文都能够让我们体味章法、学用笔法。比如：

《中国人失掉自信力了吗》运用的是普通、常用、规范的立论模式，教师可以指导学生品析课文，缩写课文，学写结构严谨的微型议论文：

## 中国人失掉自信力了吗（节选）

我们有并不失掉自信力的中国人在。　　　　　　　　　（提出论点）

我们从古以来，就有埋头苦干的人，有拼命硬干的人，有为民请命的人，有舍身求法的人，……虽是等于为帝王将相作家谱的所谓"正史"，也往往掩不住他们的光耀，这就是中国的脊梁。　　　　　（论据之一）

这一类的人们，就是现在也何尝少呢？他们有确信，不自欺；他们在前仆后继的战斗，不过一面总在被摧残，被抹杀，消灭于黑暗中，不能为大家所知道罢了。说中国人失掉了自信力，用以指一部分人则可，倘若加于全体，那简直是诬蔑。

（论据之二）

要论中国人，必须不被搽在表面的自欺欺人的脂粉所诓骗，却看看他的筋骨和脊梁。自信力的有无，状元宰相的文章是不足为据的，要自己去看地底下。

（得出结论）

…………

许多课文都有着精彩段式、优雅句式，让我们尽情学用。比如：

桥面用石板铺砌，两旁有石栏石柱。每个柱头上都雕刻着不同姿态的狮子。这些石刻狮子，有的母子相抱，有的交头接耳，有的像倾听水声，有的像注视行人，千态万状，惟妙惟肖。（《中国石拱桥》）

画面开卷处描绘的是汴京近郊的风光。疏林薄雾，农舍田畴，春寒料峭，赶集的乡人驱赶着往城内送炭的毛驴团队。在进入大道的岔道上，是众多仆从簇拥的轿乘队伍，从插满柳枝的轿顶可知是踏青扫墓归来的权贵，近处小路上骑驴而行的则是长途跋涉的行旅。树木新发的枝芽，调节了画面的色彩和疏密，表现出北国早春的气息。（《梦回繁华》）

它们都运用了同一种段落结构形式"说明＋描写"，教师可以指导学生据此写一段话，介绍一个物品，既是思维训练，也是语言学用训练。

许多课文都能够让我们展开思绪、泼墨挥毫。比如：

## 穿井得一人
### 《吕氏春秋》

宋之丁氏，家无井而出溉汲，常一人居外。及其家穿井，告人曰："吾穿井得一人。"有闻而传之者："丁氏穿井得一人。"国人道之，闻之于宋君。宋君令人问之于丁氏，丁氏对曰："得一人之使，非得一人于井中也。"求闻之若此，不若无闻也。

《穿井得一人》结构清晰，先叙后议。它是训练口头表达能力的好材料，既可用于朗读、复述训练，也可用于改写、扩写训练。将它运用于学生的写作训练，一定富有创意，也一定能够起到"以写带读"的训练作用。

### 天净沙·秋思
/ 马致远 /

枯藤老树昏鸦，
小桥流水人家，
古道西风瘦马。
夕阳西下，
断肠人在天涯。

这样的文言诗歌，是训练想象、诗歌素描的好材料：枯藤缠绕着老树，树枝上栖息着黄昏时归巢的乌鸦；小桥下，流水潺潺，旁边有几户人家……

只要教师精于文本细读，就能发现众多美好的材料。

# 28. 数字运用：文本细读八

　　莫家泉先生曾经在 1992 年第 8 期《中学语文教学》上发表过一篇奇文：《我教〈孔乙己〉，巧用 10 个数》。莫老师说，这 10 个数字是"一两三四五六七八九十"：

一个环境　两次到店　三种叙述　四种人物　五次取笑　六种描写　七种神情　八个时间　九次笑声　十个钱数

　　对每一个数字，莫先生都运用实例进行了具体的诠释。

　　这种细读课文的方法，就是运用数字进行统计。这是一种很费时间、很花脑筋的课文研读方法，一次又一次，一遍又一遍，先标注、摘记、分类、排序，后说明、诠释、分析、欣赏。所以这也是一种练功夫的课文阅读方法。

　　运用数字对课文进行细读，并不是简单地进行罗列，而是要经历"阅读课文——有所感受——顺势发现——摘取语料——统计归纳——阐释欣赏"的思维流程和操作过程。

　　将运用数字细读课文的成果表现出来，主要有以下四种形式。

　　第一种：语例罗列。如对《安塞腰鼓》中的排比现象的分类举例说明：

　　（1）句内排比七例。

　　①一捶起来就发狠了，忘情了，没命了！

　　②黄土高原上，爆出一场多么壮阔、多么豪放、多么火烈的舞蹈哇——安塞腰鼓！

　　③这腰鼓，使冰冷的空气立即变得燥热了，使恬静的阳光立即变得飞溅了，使困倦的世界立即变得亢奋了。

　　④是挣脱了、冲破了、撞开了的那么一股劲！

　　⑤后生们的胳膊、腿、全身，有力地搏击着，疾速地搏击着，大起大落地搏击着。

⑥它震撼着你，烧灼着你，威逼着你。

⑦痛苦和欢乐，生活和梦幻，摆脱和追求，都在这舞姿和鼓点中，交织！旋转！凝聚！奔突！辐射！翻飞！升华！

（2）段内句子排比三例。

①骤雨一样，是急促的鼓点；旋风一样，是飞扬的流苏；乱蛙一样，是蹦跳的脚步；火花一样，是闪射的瞳仁；斗虎一样，是强健的风姿。

②容不得束缚，容不得羁绊，容不得闭塞。

③每一个舞姿都充满了力量。每一个舞姿都呼呼作响。每一个舞姿都是光和影的匆匆变幻。每一个舞姿都使人颤栗在浓烈的艺术享受中，使人叹为观止。

第二种：专项评析。如对《安塞腰鼓》中穿插手法的评述：
请看下面五个句子：

安塞腰鼓！
好一个安塞腰鼓！
好·个·安塞腰鼓！
好一个黄土高原！好一个安塞腰鼓！
好一个痛快了山河、蓬勃了想象力的安塞腰鼓！

五个形式与内容大致相同的抒情句，间隔反复、分散穿插于文章的各个部分之中，这是作者运用的"主题句反复"的构思技巧。这奇巧的构思不仅明晰地显现出文章的层次，而且鲜明地表现出作者由赞叹到称颂到热烈讴歌的情感发展，形成全文抒情的主旋律，可谓一唱三叹，激情澎湃。

第三种：综合归纳。如对《安塞腰鼓》的用词艺术进行的阐释、赏析：

《安塞腰鼓》的用词艺术有三"奇"。

一是尽情地运用有强烈力度、有强烈动感的词语。作者精心选用了诸如飞扬、壮阔、豪放、火烈、亢奋、冲破、撞开、搏击、震撼、烧灼、威逼等几十个双音节词语，它们在文中形成一个"词群"，有着"集团军"的力量，表达出豪壮的磅礴的抒情基调。

二是高频率地使用同一个词。如前面所说一口气运用的 14 个"隆隆",形成绵延不绝的奇伟的"音响"效果,表达出作者如痴如醉的赞美情怀。

三是在一个句子中几乎是无止境地运用动词,如下面的句子:

痛苦和欢乐,生活和梦幻,摆脱和追求,都在这舞姿和鼓点中,交织!旋转!凝聚!奔突!辐射!翻飞!升华!

这个句子堪称奇句,作者连续运用了"交织""旋转""凝聚""奔突"等七个动词,连续配用了七个感叹号,将自己的情感发挥到极致,充满激情地、极度地写出了人们在鼓声震撼下思绪的飞扬,对鼓声的撞击力、穿透力、激发力进行了热烈的赞颂。

第四种:序数阐释。如前述莫家泉先生运用的、依次用连续的数字对文章的表达现象进行概析的方法;这就需要匠心独运的发现。

# 29. 资料补充：文本细读九

由于教学习惯的原因，很多语文教师的备课环节往往比较粗糙。主要弱点有：对很多经典作品的教学不进行背景知识的介绍，对课文注释中没有涉及的精美字词不进行注音或解释，在讲解或对话的过程中不进行文学知识的渗透。这就是阅读教学中比较明显的"三不"现象。

"三不"现象有损于课堂教学的质量与教师在专业水平方面的形象，因此教师在细读课文时需要耐心地进行梳理并落实对有关知识内容的补充。

（1）教师对经典作品的背景材料进行角度丰富的补充。如《记承天寺夜游》：

元丰二年（1079）年，苏轼因"乌台诗案"获罪入狱，随后被流放至湖北黄州。

正是这种难言的孤独，使他彻底洗去了人生的喧闹，去寻找无言的山水，去寻找远逝的古人。……像苏东坡这样的灵魂竟然寂然无声，那么，迟早总会突然冒出一种宏大的奇迹，让这个世界大吃一惊。（摘自余秋雨《苏东坡突围》）

（在黄州）他给天下写出了四篇他笔下最精的作品：一首词《念奴娇·赤壁怀古》，又名《酹江月》，也以《大江东去》著称；两篇月夜泛舟的前、后《赤壁赋》；一篇《记承天寺夜游》。单以能写出这些绝世妙文，仇家因羡生妒，把他关入监狱也不无道理。（摘自林语堂《苏东坡传》）

有一种画轴，且细且长，静静垂于厅堂之侧。她不与那些巨幅大作比气势、争地位，却以自己特有的淡雅、高洁，惹人喜爱。在我国古典文学宝库中，就垂着这样两轴精品，这就是宋苏东坡的《记承天寺夜游》和明张岱的《湖心亭看雪》。（梁衡《秋月冬雪两轴画——〈记承天寺夜游〉与〈湖心亭看雪〉的写景欣赏》，原载于1984年第2期《青年文摘》）

（2）教师对距离师生生活较远的作品进行适当的文史知识补充。如《竹影》：

丰子恺（1898—1975），我国现代画家、散文家、美术教育家、音乐教育家、漫画家和翻译家，卓有成就的文艺大师。

中国画，中国传统绘画形式，用毛笔蘸水、墨、彩作画于绢或纸上，简称"国画"。

管道升（1262—1319），元代著名女书法家、画家、诗词创作家。尤擅墨竹梅兰，笔意清绝，久负盛名，世称"管夫人"。

赵子昂（1254—1322），即赵孟頫，字子昂。元代著名画家，楷书四大家之一。博学多才，书法和绘画成就最高，开创元代新画风，尤以楷书、行书著称于世。

吴昌硕（1844—1925），"诗、书、画、印"四绝的一代宗师，晚清民国时期著名国画家、书法家、篆刻家。立轴，中国书画装裱的一种式样，也称挂轴。

（3）教师对需要细致理解的课文进行字词解释的补充。如《答谢中书书》：

山川（山河）之（的）美，古来共谈（共同谈论）。高峰入（插入）云，清流（清澈的河流）见底。两岸石壁，五色（各种色彩；古代以青、黄、黑、白、赤为正色）交辉（交相辉映）。

青林翠竹，四时（春夏秋冬四季）俱备（齐备，全有；俱：全，都）。晓（在早上；晓：早晨）雾将歇（消散；歇：逝去），猿鸟乱鸣（猿猴在长啸，鸟雀在鸣叫）；夕日欲（将要）颓（太阳快要下山了；颓：下坠），沉鳞（潜游在水中的鱼）竞跃。实是（确实是）欲界之仙都（欲界：指人间；仙都：仙境，指神仙生活于其中的美好世界）。自康乐（南朝宋代诗人谢灵运，山水诗派创始人，因世袭康乐公，世称康乐）以来，未复（不再）有能与（参与，这里指欣赏）其（指之前说的山水之美）奇者（……的人）。

（4）教师对自己力所不能及的赏析内容进行学术资料的补充。如《陋室铭》：

像《陋室铭》这样博观约取，厚积薄发，还具有文采；言简意赅，思路明确，能耐人回味；情景交融，盎然有趣，若身临其境；远有榜样，近有自勉，具乐观精神；不足百字，从室陋与德馨的统一中，写出知识分子"淡泊以明志，宁静以致远"的性情；甘于清贫，甘于寂寞，逃避庸俗，追求自我完善的心态，实在是一篇难得的散文。

94

（李国文《〈陋室铭〉再读》，原载于 2012 年 6 月 6 日《人民日报》）

…………

有了这样一些补充资料，语文教师对课文进行品读就能读得更细、更深、更美，教学起来就更能左右逢源。

# *30.* 短论写作：文本细读十

　　短论，就是文字少、视点小、1000字以内的小文章。短论写作，难度不大，费时不多，既有书面成果产生，还伴有克服困难的愉悦。可以说，用短论写作的方法进行课文细读训练，是每位语文教师都应该享有的一种经历。

　　写作课文分析短论，有简单的三部曲：反复细读课文，提炼写作视点，立论写作修改。

　　以《孔乙己》为例，在熟读精思的基础上，可以提炼出几十个微型话题，其中的每一个，都可以让我们写上几百字。请看：

　　孔乙己与"酒"，孔乙己与"偷"，孔乙己手的描写与他的悲剧命运，孔乙己脸色描写赏析，孔乙己眼睛描写品析，孔乙己肖像描写欣赏，孔乙己伤痕描写品析，"十九个钱"的描写有什么作用，说一说丁举人与孔乙己，孔乙己出场描写欣赏，最值得品味的是孔乙己的挨打，孔乙己的长衫到哪里去了，孔乙己的出场和退场，孔、何、丁"三姓"品析，"茴香豆"的妙用，"粉板"的作用，"掌柜"形象赏析，孔乙己再也不说之乎者也了，《孔乙己》首段赏析，《孔乙己》中的人物形象素描，《孔乙己》中的"看客"，《孔乙己》中的"笑"，《孔乙己》中的对比手法赏析，《孔乙己》中的照应笔法，《孔乙己》细节描写的表达作用品析，《孔乙己》中的特写镜头，《孔乙己》场景描写欣赏，《孔乙己》第1段的作用分析，《孔乙己》中"我"的作用，《孔乙己》第4段与第11段的对比阅读，《孔乙己》的第11段好在哪里，试析《孔乙己》中省略号的妙用，《孔乙己》对话描写浅析，说说《孔乙己》中的虚写手法……

　　许多细节内容也可以用短论来进行赏析。如《趣读〈孔乙己〉》：

　　《孔乙己》的很多内容是可以趣读的。就连如下的词或者短语，品析起来都意味深长：

　　"孔乙己""短衣帮""小伙计""柜台""酒""伤痕""写得一笔好

字""茴香豆""何家""长指甲""粉板""中秋""跌断""十九文钱"等。

下面我们选几个细节来进行有趣的阅读品析。

"孔乙己"——孔乙己姓"孔"但没有名字。像他这样不为人们所知的读书人太多了，他生命的意义仅止于笑料。连"死"也是不可确定的。小说用这个没有名字的人物的故事完成了对封建社会中国知识分子生存状况、命运际遇的深刻表现。有意思的是，孔乙己姓"孔"，"丁举人"姓"丁"。"孔"字所代表的文化意义远远大于"丁"字，我们甚至可以说，"孔"乙己的读书水平是大大高于"丁"举人的。

"小伙计"——孔乙己故事的观察者与叙述者。这是一个既侍候不好穿长衫的主顾又对付不了短衣帮的儿童，在酒店中专管温酒这一种无聊职务。"专管温酒"这四个字，表现了《孔乙己》的第一人称叙事方式，表现了《孔乙己》"儿童视角"的叙事角度，同时又很巧妙地表现出"我"有足够的时间与机会在"柜台"里听到与观察孔乙己所有的故事。

"伤痕"——好像是淡淡的一笔描写，并不引人注意，却是文中的伏笔，在表达的技巧和情节的关联上起着很大的作用。"伏笔"是小说中常用的一种结构手法。它可以理解为上文对下文的暗示。其好处是先作暗暗地交代，使读者读到下文内容时，不至于产生突兀之感。"伤痕"暗示了孔乙己的挨打，"又添新伤疤""何家""丁举人家"则用"打"照应了"伤痕"。

"写得一笔好字"——一是表现了孔乙己读书用心，二是表现了孔乙己还能利用这点长处为自己赚一点儿酒钱。但这似乎都不是很重要。重要的是表现了丁举人对孔乙己的侮辱。丁举人知道孔乙己是个读书人，所以要他写服辩。

…………

像《孔乙己》一样，很多课文都在等待着语文教师的"赏析短论"。

第四章

苦练教学本领

# *31.* 练教材处理的本领

由于很多语文教师没有教材处理的习惯与能力，所以课堂教学中出现的典型状况是：从课文开头问到、讲到课文结尾。

这样的教学平均用力，处处解读，肯定是低效的教学。

所谓"教材处理"，就是对课文内容的处理，就是对课文教学内容与部位的选择与利用，就是安排什么内容进行教学，就是将什么内容作为教学的抓手。

教材处理的艺术，就是用好课文的艺术，就是如何从简化、优化、美化、细化、深化的角度来斟酌考虑课文的运用与利用。

教材处理的本领是语文教师最基础、最实用的教学本领，只有拥有了这种本领，才可以说教学基本上"入了门"。

从训练自己的教学本领看，我们需要知晓教材处理技法的六个关键词。

（1）整体反复：用于精短课文的教学训练；反复多遍地利用课文，组织角度不同的训练活动。

（2）选点精读：在指导学生整体把握文意的基础上，着重利用课文一至三个重要的、精彩的地方对学生进行读写能力的训练。

（3）长文短教：用于长篇课文的阅读训练，其本质的方法还是"选"，选取课文的一部分或突现课文某个方面的特点来进行品读训练。

（4）多篇组合：用于短文或诗词的教学，如课文比读、诗文联读、先教读再自读、古诗二首、诗词三首等，都是可以用于多篇组合的形态。

（5）一课多练：不论是长文还是短文，不论是现代文还是文言文，都可以运用这种教材处理方式；不是着眼于"篇"，而是着眼于"点"来组织反复的训练活动。

（6）变读为写：用于教师特别的教学创意，或者专注于语言学用，或者专注于形式仿用，就课文的内容组织动笔写作的训练。

这六个关键词基本上能够涵盖教材处理的理念与手法。用它们来进行教学实践，语文课就可以逐渐变得更有创意、更规范、更灵动、更精练，课堂教学的训练力度也就随之显现出来。

下面举《曹刿论战》的一课多练课例进行说明，本课的教学突出了四个"点"：

本课创意——识一批字词，攻一处难文，做一组练习，练一次听记——一课四练。

活动一　趣学字词，理解词意（用成语印证的方法）

| 齐师伐我 | 师：军队。 | 兴师动众 |
| 肉食者谋之 | 谋：考虑，谋划。 | 深谋远虑 |
| 小惠未遍 | 惠：恩，好处。 | 小恩小惠 |
| 下视其辙 | 辙：车轮轧出的痕迹。 | 南辕北辙 |
| 遂逐齐师 | 逐：追击，追赶。 | 追亡逐北 |
| 既克 | 克：战胜，攻下。 | 克敌制胜 |
| 三而竭 | 竭：尽。 | 殚精竭虑 |
| 彼竭我盈 | 盈：充满。 | 恶贯满盈 |
| 难测也 | 测：推测，估计。 | 心怀叵测 |
| 望其旗靡 | 靡：倒下。 | 所向披靡 |

活动二　专攻难点，准确理解（用反复品析的方法）

乃入见。问："何以战？"公曰："衣食所安，弗敢专也，必以分人。"对曰："小惠未遍，民弗从也。"公曰："牺牲玉帛，弗敢加也，必以信。"对曰："小信未孚，神弗福也。"公曰："小大之狱，虽不能察，必以情。"对曰："忠之属也。可以一战。战则请从。"

活动三　细做练习，落实训练（用书面练习的方法）
利用课文的第2、3段设计如下练习，学生当堂完成。
（1）用双音节词语替换下列句中加点的字。

①公将鼓（　　）之　　　　②遂（　　）逐齐师
③公将驰（　　）之　　　　④一鼓作（　　）气
⑤彼竭我盈（　　）　　　　⑥下（　　）视其辙

(2) 选出下面加点的字含义相同的一项（　　）。

A. 公问其故　　　　故逐之

B. 公将鼓之　　　　公与之乘

C. 登轼而望之　　　望其旗靡

D. 下视其辙　　　　公问其故

(3) 用现代汉语说说下列句子的意思。

①夫战，勇气也。

②夫大国，难测也，惧有伏焉。


活动四　美听快记，习得知识（用教师讲析、学生听记的方式）

教师讲析本课"对话展开，要素齐备""详略有致，叙议结合""比照手法，生动句式"等语文知识，学生听记。

这样的教材处理与运用方式富有教学的魅力，真正达到了很务实、很灵活的"学生活动充分，课堂积累丰富"的教学境界。

# 32. 练朗读吟诵的本领

　　虽然朗读吟诵是语文教师非常重要的业务素养与教学本领之一，但是朗读吟诵既是很多语文教师课堂教学中非常薄弱的能力之一，也是很多语文教师备课时经常缺失的内容与环节。

　　语文教师需要有意识地加强朗读吟诵能力的自我训练，以有利于提高课文研读的能力，优化学生的课堂训练。

　　教师朗诵吟诵能力的自我训练策略如下。

　　（1）基本前提：注重对课文进行细细地品读、品析、品味，知晓其表情达意的手法、情感及语言特点；注重普通话发音的基本训练，力求准确地表达。

　　（2）基本方法：一是利用文本有意识地进行专门的朗读训练，二是反复聆听名家的朗读音频或专门为课文配备的音频资料。

　　总之，只要心有所系，坚持进行，就能取得令人刮目相看的成绩。

　　语文教师进行朗读吟诵的自我训练过程，就是对文本进行体味的过程，就是以声传意、以声传情的过程。训练中可关注：

　　①训练自己大声地、标准地朗读。

　　②训练自己读好文句或诗句的节奏。

　　③训练自己处理好文句之间、层次之间或表达特别情味时的停顿。

　　④训练自己比较自然、准确地传达诗文中蕴含的情感。

　　⑤训练自己体会、把握并在朗读中表现文章语言表达的风格。

　　⑥训练自己体味诗文朗读的最佳角度。

　　⑦训练自己通过朗读来揣摩文章表达的妙处。

　　⑧综合地训练自己把握语速、语气、语调的基本能力。

　　⑨训练、提升自己的朗读水平，或设计、运用某种特别的朗读技巧。

　　⑩训练自己在朗读吟诵的过程中感悟、提炼朗读教学设计的细腻角度。

　　以上内容均与课文品读有关。只有优美深入地进行课文品读，才能保证朗读吟诵的得体与得法。

如《马说》的文本细读与朗读吟诵：

# 马说

/ 韩愈 /

世有伯乐，然后有千里马。千里马常有，而伯乐不常有。故虽有名马，祇辱于奴隶人之手，骈死于槽枥之间，不以千里称也。

马之千里者，一食或尽粟一石。食马者不知其能千里而食也。是马也，虽有千里之能，食不饱，力不足，才美不外见，且欲与常马等不可得，安求其能千里也？

策之不以其道，食之不能尽其材，鸣之而不能通其意，执策而临之，曰："天下无马！"呜呼！其真无马邪？其真不知马也！

《马说》妙在以喻为论，托物寄意，针砭时弊：说的是马，指的是人，点的是人才问题，可谓言在此而意在彼。

《马说》妙在全文段落匀称：第 1 段提问题，第 2 段摆现象，第 3 段点实质。

《马说》妙在三个自然段都用"也"字结尾，情感的表达层层推进：第 1 段末的"也"流露出惋惜、慨叹的感情；第 2 段末的"也"表达了同情、激愤与不平；第 3 段末的"也"凝聚着作者的愤慨与嘲讽。

《马说》妙在用了 11 个"不"字：第 1 段 2 个"不"字，"不"中见命运；第 2 段 5 个"不"字，"不"中见无知，见遭遇；第 3 段 4 个"不"字，"不"中见平庸浅薄，见主旨。

《马说》妙在第 3 段极有神采的表达：第一层运用了排比手法，从使用不得法、喂养不足量、嘶鸣不解意三个角度，表现了执策者的"不知马"；第二层中的"天下无马"是文中最为形象的一笔，此句可以读出鄙视、藐视、专横、高傲等各种语调，它让我们想象到、体味到食马者"不知马"的形貌状态；第三层"呜呼！其真无马邪？其真不知马也！"这一句，先反诘后感叹，先问后答，一锤定音，"不知马"三字是全文主旨所在，表现了作者愤懑的情感。

在这样细读文本的基础上，教师才能从"不同语气"的角度来朗读吟诵《马说》：

①读好全文议论抒情的语气。

②读好文中 11 个"不"字的语气。

③读好段末的虚词"也"所表达的语气。

④读好第 3 段中各个层次的细节所表达出来的语气。

教师有了精致优美的朗读，学生当然受益。

# 33. 练术语运用的本领

术语，是指与行业、专业、行当有关的专门用语。比如，语文教师除了知晓"开门见山""卒章显志""画龙点睛""侧面烘托"等常见术语之外，还应该知道更多语文的、语言的、修辞的、文学作品技法的术语，以便在教学中恰当地运用，教给学生更多的知识。如章法、线索、手法、波澜、工笔、白描、铺垫、衬托、蓄势、照应、伏笔、悬念、渲染、对比、抑扬、虚实、托物、用典、场景、意象、文眼、视角、点染、巧合、留白、节奏、缓笔、象征、断续、顿挫等。

术语表现着高度凝练的事物规律，承载着艺术、文化、技能的精髓。研究"术语"不仅仅是个人的事情，也是国家的大事。2014 年初，为做好中华思想文化术语的传播工作，经国务院批准，设立了"中华思想文化术语传播"工程。2014 年 12 月 24 日，发布了首批 81 条术语，其中与文学艺术有关的有格调、情景、神思、文气、兴象、雅俗、意象、滋味、风雅颂、赋比兴、象外之象、景外之景等。

一位语文教师如果对语言文学的术语知之甚少，就会缺乏敏锐的语感，就难以品析、欣赏到作品表达的美妙之处，有时甚至读不出其深浅。这种状态下的语文教学，课文可能是文学的，但教师的语言却是家常的、平俗的。这就降低了课堂教学的质量，直接影响到学生语文素养的形成。

练运用术语细读课文的本领，应该是所有语文教师必修的教学基本功之一。运用术语读教材，具有一箭多雕的作用与效果。既让我们了解、习得、积累、运用了相关术语，又提高了我们研读、体味课文的水平与能力，更重要的是，经过教师的解读，学生在课堂学习中会有真正实在的收获。

语文教师训练自己运用术语细读课文的本领，主要是要养成良好的习惯。面对文本，要求自己用分析、品析、赏析的语言说话，用雅致的、专业的语言说话，久而久之，就能提高水平，形成能力。

如对《最后一课》第 10 段的品析：

我一纵身跨过板凳就坐下。我的心稍微平静了一点儿，我才注意到，我们的老师今天穿上了他那件挺漂亮的绿色礼服，打着皱边的领结，戴着那顶绣边的小黑丝帽。这套衣帽，他只在督学来视察或者发奖的日子才穿戴。而且整个教室有一种不平常的严肃的气氛。最使我吃惊的是，后边几排一向空着的板凳上坐着好些镇上的人，他们也跟我们一样肃静。其中有郝叟老头儿，戴着他那顶三角帽，有从前的镇长，从前的邮递员，还有些旁的人。个个看来都很忧愁。郝叟还带着一本书边破了的初级读本，他把书翻开，摊在膝头上，书上横放着他那副大眼镜。

最通俗的说法是，这一段写小弗朗士来到教室，"最后一课"开始了。但如果我们运用文学术语来细读，就迥然不同了：

（1）这一段的叙述视角也是全篇的叙述视角——儿童视角，它是这篇小说的重要表达艺术之一。

（2）这个段落的主要作用之一是设置人物活动的场景——教室，于是故事情节就在这个特定的场景中有序展开，形成这篇小说"宏大背景、微小场景"的表达特色。

（3）这个段落的主要作用之二是让人物出场——韩麦尔先生、小弗朗士、镇上的老百姓都来到"教室"，"最后一课"的情节波澜就要开始了。

（4）作者运用了白描的手法，通过对人物群像"肃静""忧愁"的描写，渲染出教室中不平常的严肃氛围。

（5）作者用庄重的笔调对韩麦尔先生的服饰进行了描写，表现了韩麦尔先生对"最后一课"的极其重视的心理。

（6）写"好些镇上的人"起着渲染氛围的作用。妙笔表现在郝叟身上，故事在这里埋下了伏笔，后文则用对他读书的神情的描写，进行了美妙的照应。

这样的研读才是文学的。所以，教师如果在课堂上有选择性地运用术语，这样的课就有了文学的味道。

# 34. 练语言表达的本领

开口即见功夫，语言表达的本领实在是教师的重要本领，特别是对于语文教师而言。

语言表达的本领，很少有语文教师正视它，并真正地训练自己掌握它。

就群体而言，教师教学语言表达的弱点主要有下面几个方面：

（1）开课煽情。教师开课而不入课，先无端表扬学生一番，意在激发学生情感。这种弱点更多地表现在公开课、优质课上。

（2）零碎提问。教师用数量庞大的提问来架构课堂，推进教学。每节课的教学都不低于几十次的"问"。日常教学中绝大多数教师会运用零碎提问的方法进行教学。

（3）话语啰唆。教师在课堂上话多，从课始到课末，喋喋不休；连学生思考、写作的时候都不停止对学生讲话。

（4）表达平俗。教师在课堂上说话不追求雅致，家常话多，单调的话多。提问时会反复地问"还有谁"，对学生的褒奖总是"非常好"，常常空洞地表扬学生"太了不起了"，还有的不称学生为"同学""学生"，称"孩子""宝贝"。

（5）课堂无语。教师应当说话的时候却说不出来，最明显地表现于课文品读之中。在学生品词论句、表达自己的看法时，教师却不表达看法，要么"请下一位同学发言"，要么用"真好，给他掌声"敷衍过去。

（6）习惯不好。口语倾向严重，话语中"这个""那么"反复出现，特别是带"啊"字的句子特别多，说一句带一个"啊"字。还有的教师常常自己说半句话，让学生接着说另外半句话。

…………

表面上看，这些弱点无伤大雅，但实际上已经在很大程度上影响了教师的形象，影响了教学的美感。因此，练好语言表达的本领，同样是每一位语文教师自我修炼的重要内容。

如果语文教师想要训练自己语言表达的本领，就需要从学生感觉的角度，关注如下五"感"：

（1）简洁感。语言表达不细碎，不重复，不反复，表述简明、准确，点到为止。

（2）生动感。根据课文的情感调整语言表达的语气语调，避免讲任何课文都是一种语调。

（3）知识感。话语中要有知识的渗透，有时要运用术语。"知识性"可能是教师课堂语言表达的第一要素。

（4）情味感。教师要沉浸于课文之中，语速适中，用嗓子的力度适中，善于用"语气"感人。

（5）音色感。一般情况下语音不高亢，不尖锐，不沉郁，不激烈，不微弱，给学生以"好听"的感觉。

教师训练自己的语言表达能力，有两个基本的立足点：课堂就是练兵场，要时时告诫自己、提醒自己、要求自己；对教学内容要熟悉，要有丰富的感受和充分的备课准备。

课堂上教师的话语表达，要特别注意说好活动前的交代语、接学生话头的应接语、对学生发言的评价语，以及自己的讲析语。交代要简明，应接要圆润，评价要中肯，讲析要精致。

下面是我执教《钱塘湖春行》时的教学片段，注意了交代语、应接语、评价语、讲析语的表达：

师：现在，我们开始品析、品味课文中的佳词美字。

生1：我觉得"几处早莺争暖树"的"争"字用得好，它不仅表现出了黄莺的活泼可爱，更表现出了初春的生机勃勃。

师：甚至于让我们听到了叽叽喳喳的快乐声音。

生2：我觉得"啄"字用得特别好，因为"啄"是新燕的动作，它写出了新燕的勤劳，也突出了春天的生机勃勃。

师：是呀，那细微的动作，我们仿佛都能看得见，一啄，二啄，三啄……

生3："浅"字用得好，因为"浅"说明了草刚刚生长了不久，也回应了标题，表明这是一个早春时节，它让读的人感觉到所有的生物都开始生长了。

师："浅草"照应着"早"，早春到来，有了浅草。

生4："浅草才能没马蹄"的"没"字用得好，"没"字既说明草的密度大，长得非常密集，又说出了春天万物生长都是争先恐后的，还说出了春天的生机盎然。

师：嗯，小草茂盛，"没马蹄"中的"没"字，用得非常有分寸感。

生5：我觉得"乱花渐欲迷人眼"中的"迷"字用得好，它一方面表现了花的繁密多彩，另一方面表现了诗人对花的喜爱。

师：一个"迷"字，有丰富的内涵，花儿多美呀。

生6：我认为"乱花渐欲迷人眼"中的"乱"字用得好，它写出了花的星星点点、零零落落，给人一种春天生机勃勃的感觉。

师：描述很准确，不是乱糟糟的"乱"，而是表现出生命力各具形态的美好。

生7：我也觉得"几处早莺争暖树"的"争"字用得好，因为它不仅表明了黄莺的生机勃勃，还表明了是初春，天气乍暖还寒，所以说黄莺才会争先恐后地飞往向阳的树。

师：是呀，它侧面表现了暖树的可爱。真好！

生8：我认为"乱花渐欲迷人眼"的"渐"字用得好，"渐"是对纷繁的花令人眼花缭乱的一个过渡描写，可以说作者在看花朵的时候，不知不觉间就已经被花朵吸引了，衬托出花朵的美丽和吸引人。

师：分析得好。边走边看，感觉越来越好！

…………

# 35. 练细节优化的本领

教学细节，是一种有趣而神秘的东西，它的覆盖面巨大，与任何形式的课堂教学都有关。年轻的语文教师在修炼自己教学本领的过程中，必须要注意到"细节"的问题。虽然从课堂教学来看，"细节"不大可能决定成败，但在教学技能上，"细节"往往可以显现出教师之间的"文野之分""粗细之分""高低之分"。

比如，从课堂教学"有效性"与"语文味"的角度看，以下带"不"的要求都给我们点示了需要关注、需要优化的"教学细节"。

（1）课文阅读教学要非常注意，不用"碎问碎答"去肢解课文内容。

（2）经典文学作品的教学，不能没有厚重的背景材料的铺垫。

（3）不要想些怪招，在经典作品的教学快要收束时才介绍作者及其经历。

（4）任何课文的教学，都不能没有字词认读的教学和语言品析的训练。

（5）角度细腻的朗读训练活动，不要忽略教师的示范朗读。

（6）在有一定难度的课堂训练活动面前，教师不要忘记给学生进行"示例"。

（7）教学中不运用"过渡语"的教师，一是思路不清，二是习惯不好。

（8）不要在一位学生的发言或朗读之后，再"点"若干位学生进行牵连不断的评说。

（9）不要将教师与单个学生的对话进行得过于频繁，要给全体学生留下思考的时间。

（10）教师不需要在学生静心思考的时候说话、唠叨。

（11）教学中教师不必使用过于煽情的方式，比如，号召学生"给他掌声"。

（12）不要总是用"按照下面的句式来说话"的方式让学生进行课堂发言。

（13）不要在教学过程中这样表扬学生："你们的预习真细心、太好了”。

（14）不要常常想着让学生“给爸爸、妈妈说一句话”，以表示自己重视思想情感教育。

（15）不要下达类似于“给曹操提提建议，让他不杀杨修”这样的荒唐指令。

（16）不用“请你们班上朗读水平最高的同学来朗读”这样的平俗方法，不提“把双手在桌上放好”这样不科学的要求，不用“有动无静”的活动方式，不用“有读无写”的活动方式，不用“缓入早出”的活动方式，不用频繁的小组合作的活动方式……

语文教师优化细节的本领，往往表现在教学活动的设计上。我们要非常注意如下教学环节中优化细节的操作要领。

（1）课的导入：简洁导入，自然得体。教师要力求在很短的时间内，优美、从容、有情味地导入课文。在教学开始的第一秒时，就应该迈出课堂学习的步伐。

（2）教学铺垫：预做铺垫，顺利推进。铺垫的作用是由易及难、由浅入深。教师要特别注重经典课文和难文教学时的背景铺垫。

（3）字词教学：认字识词，方法多样。字词教学的创意要丰富：一要有用，二要有味，三要精致，四要有学生的读与写。

（4）课文初读：初读感知，把握文意。课文阅读教学的要领有时不在于“读”而在于“说”，因“说”而“读”的训练性更强，教学效果更好。

（5）诗文朗读：朗读指导，灵动多姿。朗读训练中要让学生或认知文字，或感受声律，或体味词句，或领会情感，或品味意境。

（6）精段研读：课文研读，注意深入。在学生把握文意的基础上，瞄准一两个着重用力的地方进行深入；利用精段训练学生的精读能力是“性价比”最高的课堂活动。

（7）师生对话：诗意表达，平等交流。教师的课堂语言要自然、简洁、准确、优美、流畅、切题，表达要富有情意、富有诗意。要力求用语言的魅力激发学生心灵的火花。

（8）环节过渡：适时打住，过渡小结。如果没有对教程进行“切分”，教学过程就不能适时打住。如果缺乏过渡，教学思路就显得冗长、模糊。

（9）课中讲析：精要讲析，简明细腻。教师的讲析要在关键之处绽出火花，要显山露水，知识的厚度是教师讲析的第一要素。

（10）收束教学：生动收束，余味犹存。内容比较精致、语言比较优美、意境比较高雅、趣味比较浓郁的收束方式可以为课文教学锦上添花。

如果练好了优化细节的本领，我们的课堂教学就会变得纯美高雅。

# 36. 练字词教学的本领

字词教学，是课文阅读教学中长期被淡化、被轻视的内容。特别是初高中学段，很难看到认真扎实、过程优美的字词教学。渐渐地，学生就缺失了语言学用训练的重要内容，教师也缺少了字词教学的习惯、理念、方法与技能。

从语文课程根本性质的高度来看，任何课文的教学都离不开富有创意的字词认读、积累、学用、品析的训练。每一位语文教师都应该有熟练的字词教学技能，并关注字词教学方法的创新。

如下面一些常用的角度与方法。

(1) 难字认读。很多课文中难读的字词，都要专门挑出来进行教学，这是极重要的教学细节。如《祝福》：

寒暄　烟霭　悚然　踌躇　朱拓　形骸　荸荠　桌帏　瘦缩　窈陷
歆享　牲醴

(2) 顺势引入。在课文教学之前或之中巧妙引入，如《狼》的教学，在导入阶段，请学生说说带"狼"字的成语，既增加了积累，又服务了课文教学：

狼吞虎咽　引狼入室　狼心狗肺　如狼似虎　声名狼藉　狼狈为奸
鬼哭狼嚎　狼子野心　狼狈不堪　杯盘狼藉　狼烟四起　豺狼虎豹
豺狼当道

(3) 读背记忆。这是一种实用而扎实的字词教学方法，往往伴随着课文精彩片段的读背进行，既是背诵积累，又是语言学用，可谓一举多得。如《观潮》：

那条白线很快地向我们移来，逐渐拉长，变粗，横贯江面。再近些，只见白浪翻滚，形成一堵两丈多高的水墙。浪潮越来越近，犹如千万匹白色战马齐头并进，浩浩荡荡地飞奔而来；那声音如同山崩地裂，好像大地都被震得颤动起来。

（4）字词品析。品析课文中用得生动、准确、富有表现力的字词。如《故乡》中，单音节动词的品析资源就很丰富：

> 这时候，我的脑里忽然闪出一幅神异的图画来：深蓝的天空中挂着一轮金黄的圆月，下面是海边的沙地，都种着一望无际的碧绿的西瓜，其间有一个十一二岁的少年，项带银圈，手捏一柄钢叉，向一匹猹尽力的刺去，那猹却将身一扭，反从他的胯下逃走了。
>
> …………
>
> 这不能。须大雪下了才好。我们沙地上，下了雪，我扫出一块空地来，用短棒支起一个大竹匾，撒下秕谷，看鸟雀来吃时，我远远地将缚在棒上的绳子只一拉，那鸟雀就罩在竹匾下了。什么都有：稻鸡，角鸡，鹁鸪，蓝背……

（5）短语活用。引导学生运用成语或短语来写话、评价人物、概括情节等。如我在执教《台阶》时，请学生写出含有四字短语的句子评价"父亲"：

> 一位体壮如牛、吃苦耐劳、要自立于受人尊重行列的父亲。
> 一位老实厚道、低眉顺眼、含辛茹苦一辈子的父亲。
> 一位俭朴谦卑、沉默寡言、不怕千辛万苦的父亲。
> 一位在漫长的准备之中积铢累寸，终于如愿以偿的父亲。
> 一位不甘低人一等，在坚韧不拔的奋斗中老去的父亲。

（6）专项组合。将一篇课文（或不同课文）中的同一类字词有机地整合出来，形成字词积累的有趣板块。如《富贵不能淫》中"之"的用法：

> 母命之　　　之：代词，指代"女子"。
> 与民由之　　之：代词，指代"正道"。
> 往送之门　　之：动词，去、到。
> 妾妇之道也　之：助词，的。
> 丈夫之冠也　之：用于主谓之间取消句子独立性。

（7）课堂笔记。教师在课堂教学中设计形式特别的、字词含量丰富的讲析内容，学生做好课堂笔记。这也是一举多得的字词教学的好方法。如我在教学《陋室铭》时的美妙讲析：

《陋室铭》文笔雅致，语言精美；炼字炼句，骈散结合；隔句押韵，音调和谐，读来朗朗上口。

《陋室铭》表达精美，手法生动；志趣高雅，意味悠长。写出了作者淡泊明志、宁静致远的性情和洁身自好、高洁傲岸的情操。可谓千古绝唱，深受后人推崇。

（8）分层推出。这种方法适用于字词教学资源丰富的课文，一类一类地分步推出，在教学中进行落实。如《从百草园到三味书屋》，可以进行字音认读、字形书写、词义理解、精妙动词、丰富量词、美妙句式、抒情段式、人物素描、场景描绘等不同角度的教学内容，字词的教学自然带给学生以丰厚的收获。

……………

字词教学内容与方法的研究充满创意与美感。教师需要苦练本领，精心探索。大家不能以为字词教学就是检查预习，更不能以为课文阅读教学就是解析文章意思。

# *37.* 练精读训练的本领

精读训练，不是师生之间的碎问碎答，不是小组之中的合作讨论，不是让学生在课外将导学案做好了再到课堂上进行展示。

精读训练，是语文教师根据新课标的要求对学生进行的阅读能力与阅读方法的训练。如新课标在"学业质量描述"第四学段中对文学作品阅读能力训练的要求：

广泛阅读古今中外的诗歌、小说、散文、戏剧等文学作品，在阅读过程中能把握主要内容，并通过朗读、概括、讲述等方式，表达对作品的理解；能理清行文思路，用多种形式介绍所读作品的基本脉络；能从多角度揣摩、品味经典作品中的重要词句和富有表现力的语言，通过圈点、批注等多种方法呈现对作品中语言、形象、情感、主题的理解。能分类整理富有表现力的词语、精彩段落和经典诗文名句，分析作品表现手法的作用；能从作品中找出值得借鉴的地方，对照他人的语言表达反思自己的语言实践……

精读训练，是对每一位学生进行终身受用的阅读分析技能的训练。根据新课标的上述说法，训练的基本要点有：感知文章内容，把握文章大意，分析文章顺序，理清文章思路，概括文章要点，探究作品内容，领悟表达方法，从阅读材料中捕捉有用信息，理解重要词句的意思，体会重点词句表情达意的作用，品析重点语句的表达效果，等等。

综合地看，精读训练要达到三个不同层面的训练标准：一是培养学生对阅读材料的综合理解能力，二是培养学生读懂不同文体文章的能力，三是培养学生初步鉴赏文学作品的能力。

所以，精读训练是对学生非常负责的训练。也许只有清楚地知道了什么是精读训练，教师才能恍然大悟：课堂阅读训练的教学是多么神圣。

语文教师要练好对学生进行精读训练的本领，首要的一条，是要有精读训练的意识，要习惯于精读训练的设计。

（1）可以从全篇的角度，安排对学生的精读训练。如《苏州园林》的教学创意：

第一步，文意把握训练：勾画、集聚课文中的关键句、中心句。

第二步，文思分析训练：请学生简明阐释《苏州园林》的顺序之美。

第三步，手法品析训练：分析《苏州园林》中的"照应"之美，或解说"游览者"三个字在全文中的作用。

第四步，段落精析训练：选取课文中两到三个段落，设计精读训练方案，对学生进行集体训练。

以上四步，步步都着眼于学生阅读技能的训练。

（2）也可以在文意理解的前提下，从"段"的角度，安排对学生的精读训练。如《苏州园林》第4段：

苏州园林里都有假山和池沼。假山的堆叠，可以说是一项艺术而不仅是技术。或者是重峦叠嶂，或者是几座小山配合着竹子花木，全在乎设计者和匠师们生平多阅历，胸中有丘壑，才能使游览者攀登的时候忘却苏州城市，只觉得身在山间。至于池沼，大多引用活水。有些园林池沼宽敞，就把池沼作为全园的中心，其他景物配合着布置。水面假如成河道模样，往往安排桥梁。假如安排两座以上的桥梁，那就一座一个样，决不雷同。池沼或河道的边沿很少砌齐整的石岸，总是高低屈曲任其自然。还在那儿布置几块玲珑的石头，或者种些花草：这也是为了取得从各个角度看都成一幅画的效果。池沼里养着金鱼或各色鲤鱼，夏秋季节荷花或睡莲开放，游览者看"鱼戏莲叶间"，又是入画的一景。

①根据本段的内容为这一段话重新拟一个总说句。

这个要求有多个方面的训练作用：它让学生知道文段中已有的总说句是什么，在什么地方；它让学生概括段意，并将带有自己创见的看法用句的形式表达出来；它用一种特别的形式训练了学生的概括能力。

②写出本段中能够明确地显现其结构层次的三处关键短语。

这里训练的就是文段层次的分析能力。第一个关键短语是"假山和池沼"，第二个关键短语是"假山的堆叠"，第三个关键短语是"至于池沼"。三个短语标示着本段文字总分照应式的严整结构，学生写出短语的过程就是精读分析的过程。

③试对本段中词句的表达效果进行体味，并举例阐释。

很明显，这里训练的是语言品析能力。话题开放但目标精细，学生可以回答很多方面的内容："假山和池沼"既是总说，又进行了分类，还表明了分说的顺序；"一项艺术而不仅是技术"既写出了设计者的艺术修养，又写出了假山的堆叠给人们的美感；"重峦叠嶂"写出了变化多姿的假山的自然之趣……

④试分析本段文字与前后文字之间的关系。

这个话题很有分量与力度，高屋建瓴。由段及篇，训练学生细读分析并阐释的能力。由此会有这样的分析结果：它与第2段文字相照应，分说"讲究假山池沼的配合"；它与第3、5、6段文字一起，分说苏州园林布局、配合、映衬、层次等方面的主要特点。

这里为什么不训练学生辨识"说明方法"的能力呢？原因很简单，那样的训练从小学三年级就开始进行了。

# 38. 练读中导写的本领

读写结合，从来就是天然合理的，语文阅读教学也是这样。

读中导写，就是教师在阅读教学中设计一定的教学板块，指导学生学用一定的语言表达形式，进行动笔实践。于学生而言，此中的好处不言而喻。

读中导写，需要语文教师的专业素养与教学能力：一是能够提炼出课文中美妙的表达形式，二是能够利用提炼出来的教学资源指导学生习练。

致力于此，我们教师就是在练读中导学的本领；教师读中导学的本领越是高强，越是对教学有利，对学生有利。

课文阅读教学中的"导写"，最便于操作而又实惠有效的内容主要有：①句式学用；②段式学用；③微文摹写，如《陋室铭》仿写；④课中集美，即自由撷取课文中的美词美句，组成一篇精粹短文；⑤变文为诗，将语段变形为诗歌；⑥诗句描述，将文言诗句描述为"画面"；⑦人物评价，运用一定数量的四字短语或其他；⑧用词写话，选用课文中的若干词语写段或文；⑨替换句段，如"删去"课文的结尾段，自己再写一个新的句段；⑩文句赏析，将对课文语言赏析的内容写成文字等。

其中选材丰富、角度丰美的"导写"就是段式学用。仅以"两个层次"的段落为例进行说明，它们可以让我们感到其中的好处。

（1）以"表达方式"知识为主的段式学用：第一层叙述、描写；第二层议论、抒情。如《春》：

天上风筝渐渐多了，地上孩子也多了。城里乡下，家家户户，老老小小，他们也赶趟儿似的，一个个都出来了。舒活舒活筋骨，抖擞抖擞精神，各做各的一份事去。"一年之计在于春"，刚起头儿，有的是工夫，有的是希望。

（2）以"写作思路"知识为主的段式学用：第一层概写一笔，第二层细写几笔。如《安塞腰鼓》：

百十个斜背响鼓的后生，如百十块被强震不断击起的石头，狂舞在你的面前。骤雨一样，是急促的鼓点；旋风一样，是飞扬的流苏；乱蛙一样，是蹦跳的脚步；火花一样，是闪射的瞳仁；斗虎一样，是强健的风姿。黄土高原上，爆出一场多么壮阔、多么豪放、多么火烈的舞蹈哇——安塞腰鼓！

（3）以"表现手法"知识为主的段式学用：第一层正面描述，第二层侧面衬托。如《苏州园林》：

苏州园林里的门和窗，图案设计和雕镂琢磨功夫都是工艺美术的上品。大致说来，那些门和窗尽量工细而决不庸俗，即使简朴而别具匠心。四扇，八扇，十二扇，综合起来看，谁都要赞叹这是高度的图案美。摄影家挺喜欢这些门和窗，他们斟酌着光和影，摄成称心满意的照片。

（4）以"形式严整"知识为主的段式学用：第一层"一个方面"，第二层"另一个方面"。如《中国石拱桥》：

早在 13 世纪，卢沟桥就闻名世界。那时候有个意大利人马可·波罗来过中国，他的游记里，十分推崇这座桥，说它"是世界上独一无二的"，并且特别欣赏桥栏柱上刻的狮子，说它们"共同构成美丽的奇观"。在国内，这座桥也是历来为人们所称赞的。它地处入都要道，而且建筑优美，"卢沟晓月"很早就成为北京的胜景之一。

（5）以"行文曲折"知识为主的段式学用：第一层先抑一笔，第二层高扬起来。如《白杨礼赞》：

它没有婆娑的姿态，没有屈曲盘旋的虬枝。也许你要说它不美。如果美是专指"婆娑"或"旁逸斜出"之类而言，那么，白杨树算不得树中的好女子。但是它伟岸，正直，朴质，严肃，也不缺乏温和，更不用提它的坚强不屈与挺拔，它是树中的伟丈夫。

（6）以"高妙手法"知识为主的段式学用：第一层写"实"，第二层写"虚"。如《散步》：

这南方的初春的田野！大块儿小块儿的新绿随意地铺着，有的浓，有的淡；树枝上的嫩芽儿也密了；田里的冬水也咕咕地起着水泡儿……这一切都使人想着一样东西——生命。

…………

这些内容的读中导写，既是段落阅读，也是段落写作；既是语言的，也是文学的；既是思维的，也是表达的；既是段式学用，也是章法指点。

课堂上如果有一点儿读中导写，教学的节奏就变化了，活动的美趣就增加了，语言学用的要求就落实了，课文利用的价值就更大了，很多语文课堂纠缠于课文解读的陈旧手法就能得到一点儿改善了。

# 39. 练课型创新的本领

新课标对语文教师的创新精神寄予厚望，在"前言"中就指出：

希望广大教育工作者勤勉认真、行而不辍，不断创新实践，把育人蓝图变为现实，培育一代又一代有理想、有本领、有担当的时代新人，为实现中华民族伟大复兴作出新的更大贡献！

在语文课堂教学的创新中，课型的创新是比较滞后的，于是学生课堂实践活动的创新设计也相对滞后。

所谓"课型"，一般指根据教学任务而划分出来的课堂教学的类型。即一节课中，主要的教学活动方式是什么，这节课就可以称为什么课型。如"阅读课""作文课""复习课""综合性学习课"等，又如"教读课""自读课""学法指导课"等。

从常规课型看，日常教学中使用频率最高的是教读课，它承载着课文阅读教学的基本任务。但新课标背景下的阅读教学要求已经大有变化，课程性质的定义、教材体系和训练理念要求教师努力地进行课型创新的思考与尝试。如朗读训练课，学法指导课，语言学用课，文学欣赏课，整本书阅读指导课，跨学科学习指导课，社会实践活动课等。其中的"语言学用课""跨学科学习指导课"等新课型尤其需要我们去创设。

（1）请见课文《恐龙无处不有》的思维训练课的活动设计。

活动一　变体阅读

教师指出，科学说明文《恐龙无处不有》可以作为议论文来阅读。

请学生默读课文，然后写出《恐龙无处不有》的"论点""论据"和"结论"。

学生在教师的指导下阅读、思考、动笔：

### 恐龙无处不有

论点　不同科学领域之间是紧密相连的。在一个科学领域的新发现肯定会对其他领域产生影响。

论据　如南极有自己的恐龙，因为是大陆在漂移而不是恐龙自己在迁移。

结论　因此，南极洲恐龙化石的发现，为支持地壳在进行缓慢但又不可抗拒的运动这一理论提供了另一个强有力的证据。

活动二　创新写作

请学生"据文阐释"，写作微文，题为"有趣的'泛大陆'""南极曾经温暖过"。

学生写作，交流：

## 有趣的"泛大陆"

"板块构造"理论告诉我们，每隔一段时期，板块会将所有的大陆汇聚在一起，成为地球的一个主要陆地，称为"泛大陆"。

在四十多亿年中，泛大陆形成和分裂过多次，约两亿年前，泛大陆分裂成四部分。就有了现在的北美、欧洲和亚洲，以及南美、非洲及南极洲等。

## 南极曾经温暖过

地球上最后一次完整的泛大陆大约是在 2.25 亿年前形成的。那时所有的陆地似乎都处在热带和温带环境内。

大约在两亿年前，泛大陆分裂成四部分。最南部是南极洲和澳大利亚。

大约又经历了一亿年，南极大陆逐渐变冷，最后成为冰天雪地。

约莫在一亿年中，南极是温暖的；南极曾经温暖过。

…………

这种课型专注于学生的思维训练：目标单纯，过程细腻，内容深美。

(2) 请见《孔乙己》的专题研讨课的活动设计。

①《孔乙己》厚实的背景材料的介绍。

②学生自读课文，了解小说的基本内容。

③教师安排专题研讨的内容:《孔乙己》第1段在全文中的表达作用。

鲁镇的酒店的格局,是和别处不同的:都是当街一个曲尺形的大柜台,柜里面预备着热水,可以随时温酒。做工的人,傍午傍晚散了工,每每花四文铜钱,买一碗酒,——这是二十多年前的事,现在每碗要涨到十文,——靠柜外站着,热热的喝了休息;倘肯多花一文,便可以买一碟盐煮笋,或者茴香豆,做下酒物了,如果出到十几文,那就能买一样荤菜,但这些顾客,多是短衣帮,大抵没有这样阔绰。只有穿长衫的,才踱进店面隔壁的房子里,要酒要菜,慢慢地坐喝。

师生交流的内容主要有:

这一段设置了人物活动的"场景"。

这一段设定了叙事的视角:儿童视角。

这一段把几乎所有关联到后续故事的内容都概述了出来,特别是"曲尺形的大柜台"照应着故事中的许多细节。

这一段点示了一种非常重要的价格:"每每花四文铜钱,买一碗酒",故事中所有的"钱数",都与它有关。

这种课型让学生知道什么是"专题研讨",并参与到研讨的实践活动中去。这种课型还能引导学生切入一个很微妙的研究话题之中:文章首段的作用品析。

# 40. 练试题编拟的本领

语文教师的教学本领，说到底，表现在三个方面：一是阅读教学的本领，二是写作教学的本领，三是指导复习考试的本领。这三项本领，都离不开一项基本能力：试题编拟。这是语文教师管用的真正能力之一。

语文教师要具有一定的拟题能力，需要进行五个方面的训练。

（1）需要夯实自己的读写能力背景。如要有很强的文章研读能力、信息提取能力、材料组合能力等。缺少了这些能力，就不能高屋建瓴地进行命题。

（2）需要训练自己研究试题的基本功。如能够对拼音题、字词题、文学常识题、概括题、语言运用题、现代文阅读题、文言文阅读题等进行比较专门的研究，并锻炼自己分类收集典型试题的能力。

（3）需要对科学命题有所研究。如阅读试题的编拟，一要建立在中学生到底需要训练什么能力的基础上，二要建立在对学生能力进行考查的不同细节上。如议论文阅读题的基本考点有：①论点的辨析、判断、提取、归纳；②论据类型的认识、分析；③论证方法的辨识；④论证过程的概括、阐释；⑤文章或段落的大意概括；⑥文中词、句含义的理解。而其高层考点则包括：①论证手法的赏析；②文章语言特点的评析；③难句的解析；④文章或段落思想内容的概析；⑤提炼论点或补充典型论据。如果没有对这些内容进行分析研究，所拟试题就会缺乏科学性。

（4）需要进行实实在在的动笔实践。从字词练习开始，到文学作品的阅读检测，结合教学内容一一进行深入实践：诸如语言品析题、文段概括题、层次划分题、内容提要题、含义诠释题、微型阅读题、各类文体文章的阅读题、名著阅读题、综合性学习能力检测题等。

（5）需要从审美的层面提高自己的水平。命题材料的撷取，时文的品析欣赏，题干的简洁明了，习题的前后有序，作文题的灵动而又切中肯綮等，都需要从美的角度进行审视、评判、修正。

下面请欣赏、品味两则美妙试题。

第一则：结合课文《香菱学诗》阐释下面语段中对香菱进行细节描写

的表达作用。

各自散后，香菱满心中还是想诗。至晚间对灯出了一回神，至三更以后上床卧下，两眼鳏鳏，直到五更方才蒙眬睡去了。一时天亮，宝钗醒了，听了一听，他安稳睡了，心下想："他翻腾了一夜，不知可作成了？这会子乏了，且别叫他。"正想着，只听香菱从梦中笑道："可是有了，难道这一首还不好？"

①细节一：_____

②细节二：_____

这是一个微型阅读题，选材精细，出题角度精致，表现出对学生文学欣赏能力的训练。学生在细细品析之后还要考虑如何进行阐释，这就表现出对较高层次语文能力训练或考查的力度。

第二则：阅读下面的文章并完成练习题。

## 山水画卷

水皆缥碧，千丈见底。游鱼细石，直视无碍。急湍甚箭，猛浪若奔。夹岸高山，皆生寒树，负势竞上，互相轩邈，争高直指，千百成峰。泉水激石，泠泠作响……

潭中鱼可百许头，皆若空游无所依。日光下澈，影布石上。怡然不动，俶尔远逝，往来翕忽。似与游者相乐。潭西南而望，斗折蛇行，明灭可见。其岸势犬牙差互，不可知其源……

于时冰皮始解，波色乍明，鳞浪层层，清澈见底，晶晶然如镜之新开而冷光之乍出于匣也。山峦为晴雪所洗，娟然如拭……

（1）下面加点的字的用法、意思相近的一组是（　　　）

A. 如镜之新开　　　　　　暮寝而思之

B. 不可知其源　　　　　　其如土石何

C. 似与游者相乐　　　　　得道者多助

D. 山峦为晴雪所洗　　　　子墨子解带为城

（2）试解释加点的字的含义。

A. 负势竞上（　　　　）

125

B. 潭中鱼可百许头 （　　　　　）

C. 皆若空游无所依 （　　　　　）

D. 于时冰皮始解 （　　　　　）

（3）用现代汉语写出下面句子的意思。

A. 急湍甚箭，猛浪若奔。

B. 斗折蛇行，明灭可见。

（4）选出下面理解正确的一项 （　　　　）

A. 泠泠作响：写泉水发出哗哗的很大声响。

B. 波色乍明：写水波一闪一闪的动态之美。

C. 往来翕忽：写游鱼往来轻快敏捷的样子。

D. 娟然如拭：写雪水洗过的山峦就像美丽的少女。

这几道练习题的拟制创意迭出，个性鲜明，美点丰富。美点一：语言材料的组合精美。美点二：意在言外的巧妙点缀。"山水画卷"四个字气息高雅，似乎是诗意的概括，又似有点睛之妙。美点三：丰美平和的考查内容。从尽可能细腻的角度考查学生文言诗文的积累与阅读水平。

教师如果缺少前述五个方面的"需要"，就很难拟出这样的习题。

第五章

创新阅读教学

# *41.* 创新课堂教学的思路设计

"思路"一词应用广泛，它是个比喻的说法，指的是思考问题、处理事情的方向、步骤、层次、过程等。

因为教师要安排教学的起始、推进、发展与收束，于是大家就常常说到教学思路。

教学思路是一个很有概括力、指导性与约束性的概念，它时时提醒我们，教学及其设计都要有步骤、分层次、讲顺序、划重点。

凡科学的、艺术的教学设计都需要讲究思路之美。

近年来，各种奇形怪状的"教学模式"泛滥成灾，此起彼伏。它们大多在形式上玩花样、喊口号，但从教学思路的角度来观察，基本上都缺乏科学性与艺术性。

简明、实在、有效、步骤清晰的课堂教学应该成为常态，这就需要课堂教学思路的创新设计。

教学思路的创新设计，需要做到"六要"。

一要简明清晰有序，教学过程条理分明。

二要突现课中活动，学生实践活动充分。

三要充分提炼课文，利用资源设计活动。

四要注意节奏变化，学生活动形式多样。

五要克制碎问碎答，重视学生集体训练。

六要摒弃模式痕迹，教学结构具有美感。

下面我们根据"六要"的设计标准来观察三个课例的教学思路设计。

第一个课例，《湖心亭看雪》：

第一步：课文朗读训练。

第二步：要点概括训练。

第三步：课文翻译训练。

第四步：选点精读训练。

这个课例教学活动的安排井然有序，层层推进；四个步骤，四次活动；着眼于学生的语言训练，着眼于学生的技能训练，表现出充分利用课文、设计有效训练活动的特点。

第二个课例，《与朱元思书》：

板块一：优美的译读训练。

板块二：优美的改写训练。

板块三：优美的听记训练。

板块四：优美的联读训练。

这个课例的教学思路非常清晰，明显是在利用课文训练学生。"译读"与"改写"都是学生的课堂实践活动；"听记"则表现出教师精致讲析、学生积累笔记的教学效果；"联读"意在扩展、加厚学习的内容。在这样的教学中，教师不用串讲或碎问，课堂训练的立足点是学生的实践与积累。

第三个课例，《孔乙己》：

活动一：简明地说——细节描写的表现力。

活动二：细细地析——课文中的"照应"品析。

活动三：认真地写——《孔乙己》"伤痕"描写的表现力。

这个课例的教学，从不同的角度训练学生品读、欣赏文学作品的能力，细节说明、"照应"品析、"伤痕"欣赏都利用了课文中最好的教学资源。三次活动的设计植根于小说阅读，着眼于文学作品欣赏能力的训练，教学层次清晰，教学角度精美，于教师的深入备课，于学生的品读深思，都有巨大的促进作用。

以上三个课例的教学创意，都经得起"六要"标准的衡量。

它们所采用的教学思路，就是非常适合语文教师课堂教学运用的"板块式"教学思路。"板块式"教学思路所关注、所解决的，就是课堂阅读教学的思路创新的问题。

"板块式"教学思路，指的是在一节课或一篇课文的教学中，从不同的角度有序地安排几次呈"块"状分布的教学内容或教学活动。或者说，以"教学板块"来整合学习内容、形成教学流程、架构课堂教学的思路，就是"板块式"教学思路。

"板块式"教学思路能够让教学的步骤清晰起来，它是一种清晰明朗、处处落实、确保学生活动充分的教学思路。它明显地表现出"好课"的特点：课堂活动目标明确，教学过程推进有序，活动设计角度精美，技能训练灵动扎实。其教学与训练的效果，大大优于"串讲"或"碎问"式的教学。

"板块式"教学思路有这样一些特点：

①非常讲究对课文教学资源的提炼与利用。

②层次清晰，教学有序，表现出"一块一块地来落实"的教学形态。

③每个教学板块都是一个半独立的"微型课"，都是学生的一次"实践活动"。

④教学板块组合的角度与形态都很丰富，能够充分表现教师教学设计的创意与审美意识。

⑤"好用"。任何语文教师，只要将教学理念转变到"多让学生参与语文学习的实践活动"上来，便能在步骤分明、层次明晰、活动到位等方面进行思考、斟酌，设计出简洁好用的"板块式"教学思路。

教学思路的创新设计，能够帮助我们追求实、美、新、巧的教学境界。运用优秀的课堂教学设计，可以收到事半功倍的教学效果。

# *42.* 创新课堂教学的提问设计

　　课堂教学中的提问，是语文教师习惯运用的最直接、最简单的教学方法，好像只有提问才能让学生思考问题，好像只有提问才能完成对课文的解读教学。而且，不停地问、简单地问、细碎地问、处处都问。在这一点儿上，年轻教师与资深教师没有区别，名师与普通教师没有区别。

　　其实，提问并不是越多越好。提问越多，越是碎问，教学的碎片就越多，解读课文的意图就越明显，训练的层次就越低。

　　提问很少的课堂并不能说明教师不能组织很有训练力度的学生课堂活动；相反地，当我们指导学生进行诸如课文小作文之类的有效活动时，就根本不需要提问。

　　由此可知，凡碎问成堆的课堂教学，其教学的重点都只是放在课文内容的解读上。

　　而新课标的要求是，要让学生有更多的甚至大量的课堂实践活动。这就要求教师大大减少教学中的碎问，把精力放到学生实践活动的设计上。

　　大大减少提问的量，方向与出路何在？最好的方法是在教学中运用"主问题"的手法。

　　（1）什么是"主问题"教学手法。

　　请看《孤独之旅》专题欣赏课的话题设计：

话题一：结合全文内容阐释"孤独之旅"中"旅"的含义。

话题二：《孤独之旅》运用了哪些手法来表现文中人物的"孤独"？

话题三：分析并欣赏课文中景物描写的六种作用。

话题四："鸭子"描写的美感与作用赏析。

话题五："暴风雨"描写片段的妙点揣摩。

　　很明显，上述问题都不是可以随口而答的肤浅提问。要欣赏或探究上述话题，就得进入课文，进行细腻的品读赏析。其中的每个话题，都能牵动学生对全篇文章的反复阅读与品析。

　　这种能够对教学内容"牵一发而动全身"的"提问""问题""话

题""任务"或"活动"，就是"主问题"。

或者说，"主问题"是引导学生对课文进行深入研读的重要问题或关键问题。

还可以说，"主问题"是阅读教学中能引导学生整体参与，并引发学生进行思考、讨论、理解、品味、探究、创编、欣赏的重要的"提问""问题"或"话题"。

所以，"主问题"的本质作用就是让学生在课堂上有实践、有历练。

（2）"主问题"教学手法的特点。

请看蒲松龄文言小说《狼》的课堂"主问题"设计：

话题一：分别从"屠户""狼"的角度概括段意。

话题二：简明概写《狼》的故事。

话题三：《狼》故事情节层层相扣、紧张曲折，请举例进行分析。

话题四：赏析《狼》"语言简洁生动"的特点。

话题五：写短文分析《狼》中之"狼"。

话题六："少时，一狼径去"段的多角度美点品析。

上述六个话题，都是引导学生对课文进行品析赏读的抓手。

从学生活动的角度看，"主问题"在教学中表现出这样一些"力量"：

①在课文理解方面具有引导学生进行深入品读的牵引力。

②在课堂活动中因问题指向不同而表现出不同角度的训练力。

③在深入研讨与探究方面具有让师生共同参与、广泛交流的凝聚力。

④在教学节奏方面具有形成动静有致的教学氛围的调节力。

⑤在教学形态方面具有形成"板块式"教学思路的支撑力。

所以，"主问题"是阅读教学中提问设计的一种创新，它具有巨大的"引领活动"能量，在课堂教学中表现出高雅的身姿，没有任何"碎问"能够与其媲美。

"主问题"的研究，实际上是课堂提问有效性的研究。语文教师对于"主问题"的探究与实践，最有意义的是能够提高教材的研读与提炼能力，特别是能够将教学的立场转变到"利用课文训练学生"的高度上来。

（3）"主问题"教学手法示例。

下面是鲁迅小说《祝福》教学时可选用的 10 个赏析话题，每一个话题都与小说欣赏有关，与学生的训练有关，与课堂实践活动有关：

话题一：例说《祝福》的反复手法。

话题二：祥林嫂脸色描写欣赏。

话题三：祥林嫂眼睛、眼神描写赏析。

话题四：《祝福》"下雪"描写的表达效果品析。

话题五：探析"祥林嫂被卖到贺家坳"的表达作用。

话题六：为什么要写"小叔子"和"大伯"？

话题七："柳妈"形象评析。

话题八：祥林嫂关于"阿毛之死"的语言描写赏析。

话题九："捐门槛"片段的笔法赏析。

话题十：《祝福》的章法结构之美欣赏。

在这样充满文学味的话题面前，在这样有力度的训练学生阅读技能的活动面前，碎问式的教学、以解读课文内容为目的的教学是不是显得特别浅陋？

创新课堂教学的提问设计，时不我待。

# *43.* 创新课堂教学结构

课堂教学结构，是我们在教学中一般不关注、不揣摩的技术性问题。

所谓"教学结构"，是指课堂教学的活动安排、过程切分、节奏变化的形态与过程。活动安排、过程切分是课堂教学结构的核心成分，前者主要表现于教学任务、师生关系，后者主要表现于教学层次、教学方法。

教学结构，既与教学安排的科学性有关，也与教学方法的艺术性有关。

所谓教学安排的科学性，就是要求课堂教学的过程要清晰、有效。

影响课堂教学过程清晰、有效的因素主要有三个。

（1）串讲式教学。以教师的串讲为主，教学过程充满了教师冗长的讲析，基本上没有系统的学生活动。

（2）碎问式教学。教学的主要内容与学习过程都依凭于教师烦琐细碎的提问，课堂无论有多热闹都无法避免活动形式与教学手法的单一。

（3）展示性教学。在学生单调的一组又一组的所谓"展示"中消耗教学时间，活动形式单调、呆板，教师难以对学生进行有效、有力的训练。

构建清晰、有效的课堂教学结构，也要关注三个重要因素。

（1）运用"板块式"教学思路，让教学的过程步步推进、层次清楚、形态明朗。

（2）非常关注学生的集体活动，让学生直接接触语文材料，在大量的语文课堂实践中，在教师的有效指导下训练与提高学生的语文素养。

（3）注意课堂上学生的活动方式与教师教学手法的适时变化。教学过程中，学生有时出声朗读，有时默读静思；有时品析欣赏，有时动笔写作；有时参与讨论，有时做好笔记；有时圈点勾画，有时背读记诵……这样，课堂教学就有了动静、起伏、波澜，课堂教学结构就有了变化。

优质的课堂教学，非常讲究教学结构的变化。

优美的课堂教学结构，意味着教师设计与安排了不同形式的学生实践活动。

优美的课堂教学结构，意味着教师考虑了各项课堂活动的不同的时间长度。

优美的课堂教学结构，意味着教师懂得教学活动中读写或动静的交替。

优美的课堂教学结构，意味着教师能够把握课堂上的集体训练与个体发言。

优美的课堂教学结构，意味着教师知道怎样在课堂上适时显现教师的作用。

最简单的理解就是：创新课堂教学结构，一是要有清晰的活动过程，二是不要将一种教学方式用到底。而串讲、碎问、小组展示、上课做导学案等，基本上就是将一种方式用到底的方法。

下面我们来看名篇《记承天寺夜游》一个课时的教学创意：

课始，进行厚重的背景材料的铺垫。

活动一　自读自讲

首先，学生集体、各自朗读课文；接着，学生根据课文注释和教师补充的注释理解课文大意，并讲述课文大意；最后，教师出示课文的译文，全班朗读。

活动二　朗读训练

教师对学生进行朗读能力训练，朗读训练着眼于全班同学，不指名朗读，不选人表演。朗读训练分为三步：①读得顺畅，读好句中节奏；②读清层次，体味"夜游"兴致；③感受作者心情，表现复杂情愫。

活动三　趣味赏析

话题：请试将课文变形为四个部分并用带"月"的短语进行诗意的概括。

活动形式：每位学生静思默想6分钟，根据话题完成赏析任务，教师组织课中交流。

学生得到如下美妙收获：

**记承天寺夜游**

/ 苏轼 /

元丰六年十月十二日夜，解衣欲睡，月色入户，欣然起行。

（月色入户）

念无与为乐者，遂至承天寺寻张怀民。怀民亦未寝，相与步于中庭。

（月下寻友）

庭下如积水空明，水中藻、荇交横，盖竹柏影也。

（月景清丽）

何夜无月？何处无竹柏？但少闲人如吾两人者耳。

（月夜偶感）

活动四　读背积累

学生读背，教师顺势讲析：

## 记承天寺夜游

/ 苏轼 /

元丰六年十月十二日夜，解衣欲睡，月色入户，欣然起行。

（一晚）

念无与为乐者，遂至承天寺寻张怀民。怀民亦未寝，相与步于中庭。

（一游）

庭下如积水空明，水中藻、荇交横，盖竹柏影也。

（一景）

何夜无月？何处无竹柏？但少闲人如吾两人者耳。

（一感）

这节课有四次课中活动，思路清晰，板块分明。活动一重在学生的自读与讲解，活动二重在教师的朗读训练，活动三重在教师引导下学生的赏析品味，活动四重在学生的背诵积累与教师的点拨讲析。四次活动有动有静，有读有思，有品有背，有听有记。

这个教学创意有清晰的活动过程，有灵动优美的活动方式，表现出课堂教学结构的创新。

# *44.* 创新语言学用的教学

日常教学中，我们很少研究语言学用教学的内容与方法。在大量的课堂教学中，最重要的语言教学似乎就是"检查预习"，在课始环节"检查"一下生字词，学生一读即可。

语文的本质应该是语言。语言教学应该是中小学语文教学研究中最基础的话题。

新课标指出："语文课程是一门学习国家通用语言文字运用的综合性、实践性课程。"语文课程的定义这么清晰，但很多语文教师好像并不在意。语文的阅读教学，仍然主要是课文内容的解析教学。哪怕是减少一些"分析"的量，降低一点儿"品析"教学的时间比例，许多语文教师也难以做到。

但从新课标的要求看，从语文学科本身的特点看，语言学用教学的优化是必然的、必需的。

创新课堂上的语言学用教学，比较好的策略是：

（1）减少阅读教学中"品析"课文的时间，腾出时间进行语言学用教学。

（2）对教材和课文重新审视，从语言学用的角度发掘、提炼其丰富的可用资源。

（3）大力研究课堂语言学用教学的基本内容，开发与实践语言学用教学的新方法。

（4）从语言学用与积累的角度创建新的课型，即"语言学用课"，专门进行语言训练。

从日常教学看，语言教学最基础、最朴实的方法是诵读记背，最自然、最常用的方法是读写结合。语言学用教学的创新设计，从大量的语文教学来看，可以"读写结合"为最佳切入口。诸如字词认读，成语练习，美词、美句摘抄，文句、文段、文章背诵默写，字词替换，用词说话或写话，句式学用，段式仿写，概写文章、文段大意，想象创编，写科学短文，进行课文评点或简介，运用一定的语言形式评价故事或人物，人物形象素描，替换文章的标题或段落，古诗、古文的译写或改写，变文为诗，课文文句集美，课中微文写作，创编并讲述故事，故事的缩写、改写、扩写、续写，给课文增补故事或事例，写课文品析短文，课堂语言学习笔记，写读后随感，写课文评论等，都是可用的好形式、好方法。

创新语言学用教学的最好方法是让学生多写。如下面各种活动的设计角度，它们都可以成为课堂中用时较长的训练环节。

（1）用词写话。如《马说》：微文写作练习。请学生尝试用课中美词写话（100字左右）：马之美质，咏马。

（2）课文集美。如《紫藤萝瀑布》：集聚课文中的美句，再"造"一则咏花微文。如《土地的誓言》：精选课中美句，创写一则微文《故乡》。

（3）段式学用。如《谈读书》，学用下面段式写一段话：

读史使人明智，读诗使人灵秀，数学使人周密，科学使人深刻，伦理学使人庄重，逻辑修辞之学使人善辩；凡有所学，皆成性格。

（4）课文微文。如《春》：课堂小作文——《春风拂面的时候……》。

（5）选点生发。如《叶圣陶先生二三事》，请学生结合下面内容，深情地写话——君子风范：

文字之外，日常交往，他同样是一以贯之，宽厚待人。例如一些可以算作末节的事：有人到东四八条他家去看他，告辞时，客人拦阻他远送，无论怎样说，他一定还是走过三道门，四道台阶，送到大门外。告别，他鞠躬，口说谢谢，看着来人上路才转身回去。他晚年的时候已经不能起床，记得有两次，我同一些人去问候，告辞时，他还举手打拱，不断地说谢谢。

（6）诗句改写。如《木兰诗》，描写下面诗句的情境与画面：

旦辞爷娘去，暮宿黄河边，不闻爷娘唤女声，但闻黄河流水鸣溅溅。旦辞黄河去，暮至黑山头，不闻爷娘唤女声，但闻燕山胡骑鸣啾啾。

（7）课文美评。如《〈论语〉十二章》，请就下文写微型赏析文：

子曰："饭疏食，饮水，曲肱而枕之，乐亦在其中矣。不义而富且贵，

于我如浮云。"（《述而》）

（8）创新写作。如《永久的生命》，请学生就下面的要求进行创写：

从课文中撷取几个句子，加上标题，形成一则微文。如：

### 永久的生命

感谢生命的奇迹，它永远存在。

它充满了希望，永远不休止地繁殖着，蔓延着，随处宣示它的快乐和威势，不断给世界以色彩，不断给世界以芬芳。

让我们赞美生命，赞美那毁灭不掉的生命吧！

（9）文学创编。如九年级上册"活动·探究"单元的诗歌赏析活动，请学生自由创作诗歌……

以上各种练笔方式，融阅读、写作、思维训练于一体，极大地丰富了学生的语言学用活动内容。课文作为语言学用教学的案例，不仅为学生的阅读理解提供了范本或抓手，同时也为学生的语言训练提供了取之不尽的资源。

# *45.* 创新记叙文的阅读教学

记叙文是以记人、叙事、写景、状物为主，以写人物的经历和事物发展变化为主要内容的一种文体形式，初中学段可将一般的记叙文、游记、写景散文、叙事散文、新闻作品、寓言故事等视为记叙文。

统编语文教材的记叙文中，有一部分写人记事的文章在文体上属于散文，但在教学上，特别是在七、八年级的教学中，我们一般都不从文学作品的角度去进行教学，如《从百草园到三味书屋》《我的老师》《背影》等，全部都纳入了记叙文单元的教学。

但小说不能当作记叙文来教学，它担负着"文学作品教学"的重要任务。

很奇怪的是，新课标对议论文、说明文、文学作品的阅读教学都提出了一些要求，唯独没有关于记叙文阅读教学的要求。这正说明了我们对记叙文阅读教学研究的薄弱。

初中学段的记叙文阅读教学，主要需要研究如下内容。

（1）对课文基本分类的研究。

统编语文教材中记人、叙事的记叙文，大致可以细分为：回忆往事类、事件记叙类、人物写真类、世相写生类、新闻报道类等。其中最值得关注的是篇数多、内容美的"回忆往事类"课文，如莫顿·亨特的《走一步，再走一步》、鲁迅的《从百草园到三味书屋》《风筝》《阿长与〈山海经〉》《藤野先生》、胡适的《我的母亲》、朱自清的《背影》、于漪的《往事依依》、牛汉的《我的第一本书》、海伦·凯勒的《再塑生命》、魏巍的《我的老师》等。

（2）对记叙文阅读教学训练重点的分析。

记叙文的阅读教学，要重点训练学生的综合理解能力。注重精读、略读、浏览能力的训练，注重词句理解、文意把握、要点概括、内容探究、作品感受等方面的教学。

记叙文的阅读教学，要训练学生能够理清记叙的顺序，提取文章的要点，品味生动、形象、富于表现力的语言，体会作者流露在字里行间的真情实感，从整体上把握文章所揭示的意义。

记叙文的阅读教学，要非常注重语言积累、感悟和运用的教学；注意培养学生良好的语感，发展学生的语言能力；要着重品味关键性语句的表达作用，背诵一些优美或者含义深刻的名言警句。

记叙文的阅读教学，要注意文章写法的点拨与品析，如关注人称、顺序、线索、选材、详略、穿插手法、语言特点等。

记叙文的阅读教学，要进行大量的语文知识、文学知识的教育。如五种基本的表达方式、记叙的要素、记叙的顺序、不同文体的文体知识、新闻的结构知识、句式知识等。要特别关注记叙文表现手法知识的顺势渗透，如描写、抒情、铺垫、照应、衬托、渲染、对比、详写、略写、实写、虚写、以小见大、欲扬先抑、借景抒情、卒章显志、托物言志等。

（3）记叙文阅读教学的创新设计探究与实践。

在此方面，可充分利用课文的特点，有倾向性地表现训练的重难点。基本的思路是：①着眼于"文体知识"进行课堂训练，如《人民解放军百万大军横渡长江》；②着眼于"整体品析"进行课堂训练，如《赫耳墨斯和雕像者》；③着眼于"朗读体味"进行教学设计，如《蚊子和狮子》；④着眼于"语言学用"组织教学活动，如《月亮上的足迹》；⑤着眼于"精段赏读"进行课文处理，如《背影》；⑥着眼于"美读欣赏"设计训练活动，如《散步》；⑦着眼于"自读训练"设计教学活动，如《走一步，再走一步》；⑧着眼于"课型改革"进行创新设计，如《从百草园到三味书屋》《背影》等。

有的篇目还可以从"以读带写"的角度进行教学设计，如《走一步，再走一步》《散步》《背影》都是质量很高的作文范文。

这里强调一下"课型创新"的问题。初中学段，大约有60%以上的单篇课文，是需要用两个课时完成教学任务的。第一课时，可设计为"基础层级"的课型；第二课时，可设计为"发展层级"的课型。即第一课时主要有选择地进行背景知晓、内容概说、思路分析、字词学用、朗读训练等内容的教学；第二课时主要进行语言品析、手法欣赏、精段细读、美点品析、微文创写等内容的教学。这样两个课时的教学就有了训练层次的不同，其效果大大高于日常教学中平均用力的教学处理。

# 46. 创新说明文的阅读教学

创新说明文的阅读教学，需要做好三件事。

（1）对说明文的教学知识进行专门的梳理。

这种梳理，是告诉自己应该非常熟悉说明文教学时应该注意使用的"术语"，从教师的业务水平来讲，这也叫作"知识的厚度"，它让我们具备厚实的知识背景。比如：

①说明的方法：举例子，列数字，打比方，分类别，作比较，列图表，作诠释，作引用；说明中的描摹；说明方法的综合运用。

②说明的顺序：时间顺序，空间顺序，程序顺序，逻辑顺序；说明文中逻辑顺序的表现特点。

③说明的语言：平实的语言，生动的语言；限制语的运用；确数和约数；说明语言的多样性。

④说明文的结构：说明文"总说与分说"的基本结构特点；说明文"分说"部分的并列、主次、先后、详略、正反等表现形式。

⑤说明文的"段"："段"的中心句，"段"中心句与支撑句之间的关系。

⑥说明文的不同类别的特点：一般应用性说明文，文艺性说明文，科学小品，解说词，序言等。

⑦说明文的铺叙：常见的展开形式，特别有创意的展开形式。

如果没有这些系统知识的支撑，我们就没有办法深入地进行说明文阅读教学。

（2）把握说明文教学中对学生进行训练的角度。比如：

说明文阅读训练的基本内容：①认字识词，语言积累；②判断文中的说明方法；③分析全文或段落的结构特点；④分析全文或段落的顺序特点；⑤把握全文或者文段的中心句、关键句；⑥划分不同结构的段落层次；⑦对文章、文段的内容进行概括；⑧对事物的特点进行概括。

说明文阅读训练的深层内容：①对文中的语言进行欣赏品味；②简洁地对词语的限制、修饰作用进行评析；③阐释有关词、句、段或手法的表达作用与表达效果；④根据文中所说明的事理对陌生的现象进行阐释；⑤根据文中的材料对事物下定义；⑥能阅读、辨识、解说、概括"表格"与"图形"，即能阅读简单的非连续性文本，能从图文等组合材料中找出有价值的信息等。

上述内容，有主次之分，有深浅之分，有粗细之分，有雅俗之分。作为教师，要注意到它们的层次性，对主要的内容、深刻的内容、细腻的内容、雅致的内容要作细节化的研究，以夯实我们的教学功底。作为教师，同样要利用这些知识训练自己的教材研读与欣赏能力，从而增强自己教学的底气。

（3）充分利用课文的教学资源设计学生的积累、分析、欣赏、写作等实践活动。

设计学生的课中实践活动，主要有如下思路：

①文意把握，选点突破；②整体理解，语言学用；③读写结合，趣味活动；④学法实践，训练能力；⑤分析结构，训练思维；⑥多角度反复，综合训练。

如《大自然的语言》的教学创意：

任务一　认字识词，积累语言

翩（piān）然　　　　孕（yùn）育　　　　簌簌（sù）

匿（nì）迹　　　　农谚（yàn）　　　　纬（wěi）度

榆（yú）叶　　　　萌（méng）发　　　　刺槐（huái）

萌发：这里指草木在春天里开始显露生机。

次第：依次，按照顺序或依一定顺序，一个接一个地。

翩然：形容动作轻快的样子。

孕育：这里用来比喻酝酿着新生事物。

销声匿迹：形容隐藏起来，不公开露面。

衰草连天：形容荒草遍地，极其凋敝的样子。

风雪载途：一路上都是风雪交加，形容旅途艰难。

周而复始：转了一圈又一圈，一次又一次地循环。

花香鸟语：形容大自然的美好景象，多指春天的风光。

草长莺飞：形容江南暮春时的动人景色。

任务二　文意把握，简说课文

活动：速读课文，提取、圈画文中能够表示全文主要内容的几个关键词句。

学生提取课文中的关键词句，据此简说课文内容，进行文意把握：

大自然的语言

物候，物候学

决定物候来临的因素

物候学研究的意义

任务三　选点精读，分析品味

活动：观察课文的第6～10段，说说你的发现。

学生研读，交流。

教师小结这一部分的表达艺术和表达作用：

设问引领，由主到次，段式严整，例证丰富，阐释说明，对比手法。

说明了决定物候来临的因素，呈现出由主要到次要的逻辑顺序。

任务四　利用精段，学读学写

活动：请学生朗读课文第1段，然后学用段式，进行仿写训练。

# *47.* 创新议论文的阅读教学

初中语文教材中议论文课文数量偏少，且缺少章法规范的议论文。

新课标对议论文阅读教学的要求也偏低："阅读简单的议论文，能区分观点与材料（道理、事实、数据、图表等），发现观点与材料之间的联系，并通过自己的思考，作出判断。"

所以，为了学生在议论文阅读方面真正得到有效的阅读训练，我们需要考虑夯实和创新议论文的教学。

议论文的阅读教学，有两项重点内容：一是知识教育，二是阅读分析能力的训练。

创新议论文的阅读教学，需要语文教师系统地梳理有关基本知识：

议论文是表达主观判断、阐发见解、宣示主张、论证事理的文章，是以议论为主要表达方式写成的各类文章的总称。议论文的基本类型有：论——表达、阐释某个观点或主张，用举例子、讲道理的方法议论；议——就事、人、物、现象等发出议论，即我们常说的"一事一议"；感——表达读后、观后、听后的感受与思考；评——对人、事、物、言论……进行评说、评论；驳——针对谬论、误论发表看法，进行批驳，确立自己的看法。议论文有政论、评论、宣言、声明、报告、演讲、随笔、按语、杂文、书信、读后感等不同的体式。议论的要素包括论点、论据和论证方法。

中学阶段的议论文读写教学，可重点关注三种体式：阐释体，评论体，引申体（即狭义的"读后感"）。在摆事实论证中，用数量众多的简例证明论点或分论点的方法叫作"集中用例"，用详细叙述的几个事例从不同的角度证明论点的方法叫作"并列用例"。在讲道理论证时，有一种常用的方法叫作比喻论证。在举例论证与道理论证时，对比论证是常用的可行方法。一般的议论文有四种不同的思路形式：①总提分说式，如《精神的三间小屋》；②正反对比式，如《纪念白求恩》；③逐层深入式，如《事物的正确答案不止一个》；④由此及彼式，如读后感之类。

…………

没有知识的积累、支撑与点化，想要谈创新，几乎是不可能的。

创新议论文的阅读教学，语文教师要对议论文课文的教学资源进行有效的、艺术的利用。

（1）用好全篇文章。如毕淑敏《精神的三间小屋》的教学，可以利用其丰富的课文资源让学生得到如下丰美的收获：

三的论说思维：第一间，第二间，第三间。

表达方式优美：议论，描写，抒情。

处处都是比喻：以喻为论的特色。

对比手法鲜明：正反深刻议论。

美字雅词丰富：生动，优雅，得体。

精段警句众多：全文诗意盎然。

（2）用好精彩片段。如梁启超《敬业和乐业》的"凡职业都是有趣味的"片段分析训练：

第一层是中心句、论点句，这是"总说"。第二层是由"为什么呢"引出的道理，是"论据"，是"分说"。"第一""第二""第三""第四"表现出由主到次的层次。第二层是"孔子说"以后的部分，这里反复引用孔子的语例，深化对论点的论述并得出结论。这是一个无论从结构层次，还是从表达手法上看，都极其优美的论述片段，浸透着深刻的人生体悟和哲理，给我们深刻的教益。

（3）用好手法特点。如培根《谈读书》在论证方法艺术方面的品析：

作者运用了丰富的说理方法：比喻说理、排比说理、对比说理，各显艺术魅力。全文风格平易流畅，笔法灵活，语言精辟，富于针对性，是一位洞察世事人情的饱学之士对世人的谆谆告诫。

在比喻说理手法方面，《马说》《虽有嘉肴》也有类似的资源可以利用。

（4）用好语言资源。如朱光潜《无言之美》中的精彩表达：

再就写景说，无论何种境遇，要描写得惟妙惟肖，都要费许多笔墨。但是大手笔只选择两三件事轻描淡写一下，完全境遇便呈露眼前，栩栩如生。譬如陶渊明的《归园田居》："方宅十余亩，草屋八九间。榆柳荫后檐，桃李罗堂前。暧暧远人村，依依墟里烟。狗吠深巷中，鸡鸣桑树颠。"四十字把乡村风景写得多么真切！

同样，《论教养》《谈读书》《山水画的意境》等课文中，也有丰美的语言资源。读背训练、知识教学、分析品味、文段仿写，都可以利用类似的精彩文字进行。

（5）用好课外美文。如经典的议论短文《说"勤"》，表达极其精彩：

证明技巧：提出论点，运用论据直接证明。
展开技巧：设置分论，多方支撑中心论点。
用例技巧：集中用例，精选古今中外论据。
结构技巧：总分结构，文面清晰一目了然。
深化技巧：文末说理，引用语例深入议论。

# *48.* 创新现代诗歌的阅读教学

现代诗歌的教学，是阅读教学的难点之一。

我们怎样创新现代诗歌的阅读教学呢？

（1）练深读、美读的本领。不仅只是对诗歌文本的思想内容进行理解，还要能够对诗歌的艺术手法、章法特点、语言特色、情感基调、表达风格等进行深入的品析与欣赏。要学习大量的诗歌赏析用语。

（2）练朗读、吟诵的本领。不仅自己要有很好的朗读能力，还要能够以身示范，对学生进行层次清晰、角度细腻的朗读训练。不仅能进行一般的朗读指导，还要能够进行有创意的朗读训练活动的策划。

（3）练教学设计的本领。要非常关注教学中"板块式"教学思路的运用，关注不同角度的学生课堂实践活动的设计，关注高雅美好而又扎实可行的细节性教学活动的安排。

在课堂教学中，要注意突出五个方面的"读"：

①朗读。利用课文对学生进行朗读能力的训练。

②演读。集体地分角色地对课文进行朗读，以声传情，形成审美氛围。

③品读。品词论句，对诗歌进行文学欣赏。

④联读。给诗歌课文寻找"朋友"，引入课堂教学，增加教学容量。

⑤写读。在诗歌阅读品析训练的过程中加入"写"的训练，以丰富活动，变化教学节奏。

有了上述"条件"的保证，我们便可以依托"板块式"教学思路设计有创意的现代诗歌教学活动。

如舒婷《祖国啊，我亲爱的祖国》的教学创意：

导入，背景材料的铺垫。

活动一，让我们来感受诗的大意。

活动二，让我们来触摸诗的旋律。

活动三，让我们来品析诗中意象。

活动四，让我们来仿写诗歌美句。

收束，小结教学活动。

此课例中，活动一的内容是朗读体味、感受内容、概说诗中"抒情主人公形象"对祖国的热爱；活动二继续进行朗读品味，感受诗歌的回环复沓、一唱三叹的韵律之美和节奏之美，完成诗歌背诵任务；活动三进行阅读欣赏、妙点揣摩，品析诗歌中的丰富意象，结合上下文品味诗句的含意，落实"思考探究二、三"的训练任务；活动四则是完成"积累拓展五"的训练要求，变化教学节奏，请学生进行诗句仿写，进一步传达出对祖国的热爱和对美好未来的向往之情。

再如普希金《假如生活欺骗了你》"板块式"教学思路的设计：

序曲（导入，了解作者，了解诗歌创作背景。）

第一乐章：假如生活欺骗了你　（设计朗读训练的活动和演读、背诵活动。）

第二乐章：假如你欺骗了生活　（运用"诗歌联读"的手法，设计语言品析活动。）

第三乐章：假如生活重新开头　（变"品读"为"写作"小诗，变化了活动方式。）

尾声（深情小结，学生背诵课文，收束课堂教学。）

这里的设计与安排，很有创新的意味：①思路清晰、层次分明、步步到位地突现了学生的实践活动，恰到好处地运用了"读写结合"的手法；②运用了"诗歌联读"的美妙教学手法，增加了课文教学的容量；③有朗读、品析、写作等不同角度的活动变化，教学节奏优雅，活动形式丰富；④不论从教学框架，还是从教学板块来看，都可以感受教学中的细节之美，如朗读、演读、背诵、品析、写作等。

在这样的教学中，所有的"好"活动都落实到学生身上了。但如果教师缺乏朗读能力，缺乏朗读指导能力，缺乏写作指导能力，缺乏与学生对话的能力，缺乏文学知识的讲析能力，教学就会索然无味。

从这个意义上，我们可以说，创新要从增强教师的教学实力做起。

# *49.* 创新现代散文的阅读教学

关于现代散文的阅读教学要求，新课标中只有零星的信息：①了解散文这种文学样式；②能对作品中感人的情境和形象说出自己的体验，品味作品中富于表现力的语言；③具体考查学生在词句理解、文意把握、要点概括、内容探究、作品感受等方面的表现。

这些不足以支持现代散文阅读教学的创新。

（1）散文阅读教学的创新，要求语文教师有过硬的课文品读能力，能将课文读懂、读深、读美。

如对严文井《永久的生命》的段落品读：

……我们应该看到生命自身的神奇，生命流动着，永远不朽。地面上的小草，它们是那样卑微，那样柔弱，每个严寒的冬天过去后，它们依然一根根从土壤里钻出来，欢乐地迎着春天的风，好像那刚刚过去的寒冷从未存在。一万年前是这样，一万年以后也是这样！在春天，我们以同样感动的眼光看着山坡上那些小牛犊，它们蹦蹦跳跳，炫耀它们遍身金黄的茸毛。永远的小牛犊，永远的金黄色茸毛！

这段文字，像诗歌一样优美，语言精致，情感热烈，在描述之中点示了美好的哲理：生命现象是永恒的。作者笔下重点描述了"小草"和"小牛犊"，并将它们置于"春天"的背景之中。"小草"和"小牛犊"都是"物象"，但又都寄寓着作者的赞美之情。小草鲜活，春风吹又生，欣欣向荣；小牛犊健美，阳光下成长，活力四射。于是作者赞叹小草"一万年前是这样，一万年以后也是这样"，赞美"永远的小牛犊，永远的金黄色茸毛"。它们一个是植物的代表，一个是动物的象征，共同传达出作者对生命的赞叹之情。

有了对散文作品的美读、深读，就有了课堂教学与对话的学问背景。

（2）散文阅读教学的创新，要求语文教师有较强的文学欣赏能力，知晓散文阅读欣赏的基本路数。

如散文的基本类型、散文的形与神、散文的情与理、散文的小与大、散文的虚与实、散文的疏与密、散文的章法特点、散文的写景抒情手法、散文语言的诗意之美、散文与散文诗等内容的品读欣赏，可能都是需要我们去进行阅读实践的。

更加细节化的内容则需要从专题研习的角度去细细地品析。如散文中的景物描写欣赏，就有丰富细腻的美好角度：用比拟的手法写风物与景象，用白描的方法写细小的景致，景物描写中的色调铺设，景物描写的画面之美，景物描写的层次安排，景物形态的工笔描绘，写景段叙议结合的结构特点，写景抒情与寄情于景，景物描写中"物"的重要作用，景物描写的象征意义，景物描写的线索作用，不同作品的景物描写所显示出来的不同的意蕴与风格等，这些都需要我们为提高欣赏水平和教学指导能力而进行耐心细腻的品读钻研。

请欣赏莫怀戚《散步》中的一段景物描写：

这南方的初春的田野！大块儿小块儿的新绿随意地铺着，有的浓，有的淡；树枝上的嫩芽儿也密了；田里的冬水也咕咕地起着水泡儿……这一切都使人想着一样东西——生命。

这段文字的特点是：白描的手法，画面的勾勒，诗意的语言，虚实有致的结构，但意蕴不止于此。

这里洋溢着生命的气息：这里巧扣"散步"，初春是散步的美妙的背景；新绿、嫩芽儿、冬水，镜头之美显现出生命的新与美；作者借新绿和嫩芽儿讴歌生命的活力，进一步渲染了散步时一家人欢愉的心情。

但还有其美妙的作用：它前与"我们在田野散步"遥相呼应，后与"她的眼随小路望去：那里有金色的菜花，两行整齐的桑树，尽头一口水波粼粼的鱼塘"紧密勾连，景物的描写也起着贯串全文的线索作用。

（3）散文阅读教学的创新，要求语文教师运用高雅的教学方法，对学生进行审美的阅读教学。

比较雅致的教学活动有：朗读体味、语言欣赏、手法品析、课文集美、情感品味等。教材的运用上则强调精段细读。

如史铁生《秋天的怀念》中的精读训练：

那天我又独自坐在屋里，看着窗外的树叶"唰唰啦啦"地飘落。母亲进来了，挡在窗前："北海的菊花开了，我推着你去看看吧。"她憔悴的脸上现出央求般的神色。"什么时候？""你要是愿意，就明天？"她说。我的回答已经让她喜出望外了。"好吧，就明天。"我说。她高兴得一会儿坐下，一会儿站起："那就赶紧准备准备。""哎呀，烦不烦？几步路，有什么好准备的！"她也笑了，坐在我身边，絮絮叨叨地说着："看完菊花，咱们就去'仿膳'，你小时候最爱吃那儿的豌豆黄儿。还记得那回我带你去北海吗？你偏说那杨树花是毛毛虫，跑着，一脚踩扁一个……"她忽然不说了。对于"跑"和"踩"一类的字眼儿，她比我还敏感。她又悄悄地出去了。

活动：精读课文第3段，圈画关键词句，品析细节描写中母亲对儿子的关爱深情。

学生静读、批注、赏析、交流：

母亲进来了，挡在窗前：怕"我"见叶落而伤感。

她憔悴的脸上现出央求般的神色：多么希望儿子有一点儿开心的时候。

喜出望外：心想，儿子终于能够去北海看看。

她高兴得一会儿坐下，一会儿站起：内心的欢喜、欣慰之情。

她也笑了，坐在我身边，絮絮叨叨地说着：高兴之情，溢于言表。

她忽然不说了。对于"跑"和"踩"一类的字眼儿，她比我还敏感：生怕儿子想到"腿脚"。

她又悄悄地出去了：不多说，担心儿子烦。

…………

# 50. 创新小说的阅读教学

在语文教师的阅读教学技能中，小说作品的教学能力比较弱，小说作品的教学方法比较陈旧，教师关于小说作品的阅读与欣赏，知识层次也比较低下。

很多语文教师实际上是将小说当作记叙文来教的。

如果运用简单的提问式的、不关注小说文体特点的教法，就不可能达到新课标所规定的能力训练的标准。

所以，语文教师小说教学的能力需要大幅度提升，小说阅读欣赏的教学需要从根本上进行创新。

（1）需要明确文学作品特别是小说教学的基本任务。

①指导学生区分写实作品与虚构作品，知道不同体裁文学作品的有关常识。

②提高学生的阅读技能与欣赏水平，指导学生精读一定数量的文学作品。

③指导学生细致阅读，感受美的语言，积累美的语言，品味美的语言，学用美的语言。

④进行审美教育，培养学生的审美意识和审美情趣，促进学生情感的丰富和发展。

⑤在朗读训练中提高学生修养，涵养心灵，培养气质，养成高雅的艺术趣味。

⑥指导学生积累数量众多的文学常识；背读、积累一定数量的经典文学作品或片段；积累、学用一定数量的文学术语。

（2）需要把握小说作品阅读欣赏教学的重要着眼点。

①文意概括训练，如《变色龙》的情节分析。

②表达作用欣赏，如小说开端部分的表达作用品析。

③重要写作手法品析，如《我的叔叔于勒》的"悬念"手法鉴赏。

④照应笔法品析，如《林教头风雪山神庙》中的照应笔法探究。

⑤风景描写品味，如《孤独之旅》中暴风雨描写的美点品析。

⑥精段品读，如《最后一课》最后一部分的文学欣赏。

⑦人物形象分析，如《临死前的严监生》中的"严监生"形象鉴赏。

⑧重点描写内容的品析，如《故乡》中"中年闰土"部分的内容赏析。

⑨小说语言赏析，如《溜索》的语言之美品析。

⑩特别描写的内容赏析，如《孔乙己》中的孔乙己脸色描写欣赏，

《祝福》中祥林嫂脸色描写欣赏。

⑪线索欣赏，如《孤独之旅》中鸭群描写的表达作用与表达效果分析，《孔乙己》中"笑"的专题研讨，《景阳冈》中武松为什么能够恰恰与老虎相遇等。

⑫学习运用小说术语进行情景分析，如视角、场景、人物出场、悬念、伏笔、照应、波澜、虚写、巧合、突转、意外结尾……

明确这些"着眼点"，有两重含义：一是能够大体知道小说的阅读欣赏教学的深刻性与艺术性；二是能够让我们反思自己的知识、能力在小说阅读教学中的不足。

（3）需要设计让学生真正能够参与实践的课堂训练活动，而且注意把握各个年级教学的不同的难度。

如阿诚《溜索》教学的两个创意。

教师对《溜索》的阅读欣赏，需要对全文进行如下内容的赏析：

"横截面"式的创作手法，一处奇险的自然环境，一群飞越怒江的马帮汉子，一次惊心动魄的溜索经历，对峡谷险峻气势的描写角度，牛的描写对环境描写和人物刻画的作用，根据全文内容简要分析领队形象，本文中的照应手法赏析，小说中最值得欣赏的一种表达技巧，小说语言精致凝练的特点赏析，马帮飞渡峡谷故事中的深刻意蕴和作者的情感取向……

**教学创意一：课文自读，选点赏析**

先进行教学铺垫：作者简介，作品特色简介，字词习得积累。

活动一 "规定动作"

请学生默读课文，根据课后"阅读提示"，写《溜索》简介，200字左右。

活动二 "自选动作"

请学生跳读课文，从如下话题中任选一个，写赏析文字，200字左右。

①写"险峻"手法赏析。

②写"牛"的作用欣赏。

③"鹰"的描写的表达作用。

④"首领"形象评析。

在这个教学创意中，活动一是"文意把握"，活动二是"选点品析"。两个活动都有一定的难度，都需要"写"。这应该是九年级小说自读课文教学的真正难度。

**教学创意二：专题品析，片段欣赏**

同样先进行教学铺垫：作者简介，作品特色简介，字词习得积累。

活动一 探"险"

请学生自读课文，进行"课文集美"，描述《溜索》故事中有奇险的环境。

活动二 品"美"

请学生阅读课文"牛们早卧在地下……牛马们还卧在地下，皮肉乱抖，半个钟头立不起来"这一部分。给这一部分内容写批注，欣赏其细节描写的表达之美，即表达作用与表达效果。

这个创意中的两个活动，分别有"文意把握"和"选点精读"的意味，也表现出对九年级学生自读小说的有力度的训练。

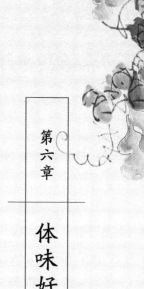

第六章

体味好课设计

# *51.* 实：好课设计一

设计好课是每一位语文教师的追求，但好课的评价标准却众说纷纭。其实就像人们对道德的评价一样，好课也是有基本的评价标准的。

好课，是遵循新课标精神和有关具体要求的课；是充分利用教材、突现语言学用的课；是关注读写技能训练、特别关注精读训练的课；是学生实践活动充分、知识积累丰富的课；是讲求课堂教学效率、着眼于学生集体训练的课。好课没有统一的模式，好课不需要口号标榜，好课特别依凭于教师正确的教学理念与一定的教学实力。

在好课的教学设计上，第一指标就是：实，即务实地、扎实地用课文教，让学生在语言学用、能力训练、知识积累方面有实实在在的收获。

似乎没有教师认为自己上的课是不实的，但是我们仍然需要从下面几个方面让教学做得更"实"。

（1）落实课堂实践活动的设计。课堂实践活动是学生学习语言、训练能力的活动。课堂教学要让每位学生都进入"多思、多读、多写"的训练情境中；要在大量的实践活动中增加学生知识，训练学生能力，激发学生兴趣，养成学生气质。

（2）落实学生集体训练的时间。集体训练是学生受益面最大的训练，只有将大量的训练时间放到所有学生身上的教学才是效率最高、效果最好的教学。如静读、深思、圈画、评点、读背、动笔等活动，都要追求学生"人人参与"的效果。

（3）落实语言学用的教学。这是阅读教学中最本色、最本质的学习内容之一。生字、雅词、成语、句式、段式、诗词……一定要充分地学用、记背。语言学用训练应该是每一篇课文、每一节课中学习与训练的重点。

（4）落实精读、美读的训练。这同样是阅读教学中最本色、最本质的学习内容之一，是阅读教学的重中之重。即利用课文，利用精段，利用课文语言，对学生进行朗读能力、概括能力、分析能力、赏析能力、讲述能力、口头与笔头的阐释能力的训练。

（5）落实文体教学的特点。特别注意酝酿文学作品教学的高雅氛围，关注文学术语、文学欣赏语言的渗透以及优美语言、优美技法、优美知识的学用。

（6）落实对教师课堂教学危害最大弱点的克制。如果摒弃就课文教课文、低端的碎问碎答等教学方法，就能大大提高教材和课堂时间的利用效率。

下面来看看《邓稼先》的两个课时的实实在在的教学设计。

课时一：

①进行厚重的富有深情的背景材料的教学铺垫。

②对学生集体进行15个左右的字形字音的认读训练，15个左右的词意理解训练，15个左右的四字短语的认读、理解训练。

③文意理解训练。学生各自速读课文，默读课文，评点批注，简析课文六个部分的作用：宏大的背景；生平经历和贡献；人物的气质、品格和奉献精神；人物对祖国的贡献；人物的"男儿"精神；对人物的崇高评价。

④课文朗读训练。学生各自朗读课文的第一、二部分，教师教读第五部分中的《吊古战场文》，师生演读第六部分。

课时二：

①微文写作。

每个学生都要利用、组合课文中的抒情句、议论句，以"'两弹'元勋邓稼先"为题，用10分钟左右的时间，写100字左右的短文；短文的结尾最好是："鞠躬尽瘁，死而后已"正好准确地描述了他的一生。

交流之后，教师点示、学生圈画文中的若干关键句，如"邓稼先是中华民族核武器事业的奠基人和开拓者""邓稼先是中国几千年传统文化所孕育出来的有最高奉献精神的儿子""邓稼先是中国共产党的理想党员"等。

②片段精读。

选取课文第五部分"我不能走"进行精读训练。训练的内容有：情感朗读，品味《吊古战场文》的作用，品析这一部分的抒情手法，背诵"中国男儿"小诗。

由于这样的安排，两个课时的教学中，学生的收获应该是很丰厚的。这样的课就真正地上"实"了。

# *52.* 新：好课设计二

好课的设计和课堂教学讲求"新"：新的理念，新的课型，新的创意，新的教材处理方式，新的教学思路，新的提问角度，新的语言教学方法，学生活动的新的形式，新的测评手法……

但有些时髦的或陈旧的教学行为难以让课的设计与教学出新：单纯的"小组合作"教学模式，几环节、几步骤的教学模式，导学案的固定形态，以及长期积淀而成的碎问式教学习惯。

教学创新的实践能够除旧布新，让我们的课堂教学有效、有趣、有味、有美。

求新，更是年轻的语文教师在入职之后重要的自我训练项目。

语文教师专业素养的提升，教学能力的增强，需要在不断地对"新"的追求中得到陶冶。

新的有高度的课堂教学理念：让学生在充分的实践活动中学习运用语文的规律，提高语文的素养。

新的有难度的教材运用理念：提取整合课文教学资源，利用课文资源设计学生的训练活动。

新的有力度的教学要领：逐步摒弃以解析课文为主要内容的教学，逐步代之以语言学用教学和技能训练为目的的教学。

新的有美度的教学技法：用板块式思路形成课堂上舒展大方、变化有致的教学活动，用主问题设计形成学生的深入思考、纵横连贯的研读过程。

新的角度精致的教学尝试：减少课文解析教学的时间，增加语言训练的分量；降低课堂上单个学生发言的次数，提高集体训练的时间比例。

在务实的、创新的教学设计中，无数新颖的创意火花可以出现在我们的案前：一文两上，一课多案，一次双篇，一段 N 练，一线串珠，一词经纬，一组词概说人物，一句话评说故事，一段话微文写作……教材、课文在我们的眼中和手中，变成了美好生动的课堂教学活动。

如统编语文七年级下册教材中自读课文《土地的誓言》的教学，对这一表现家国情怀的美好篇章，可以进行多方面的教学创新设计。

设计全新的教学思路。全课的教学由"整体理解——局部精读——片段背诵"的教学板块构成。整体理解板块的话题：请学生在自读课文的基础上举例阐释本文是怎样表现出强烈的抒情性的。局部精读的内容：课文的第一部分，教师指导学生朗读，引导学生品析优美、深情语言的表达效果。片段背诵的内容：背诵课文第二部分中"我是土地的族系……多么丰饶"这个片段。

设计全新的课堂活动。全课的教学板块活动有：诗意地说，深情地读，简洁地写。"诗意地说"的话题是"我想起了……"，每位同学静读课文，熟悉课文内容，并选取、组合课文内容，像诗朗诵一样地说话。"深情地读"的内容是教师指导学生朗读课文第一部分"当我躺在土地上的时候……故乡有一种声音在召唤着我"，然后学生自由练习课文第二部分语言片段的朗读。"简洁地写"的微文写作，话题有思念、故乡、土地、誓言，自选一个写 100 字左右的短文。

设计全新的自读课型。自读课文一般要求用一个课时完成训练任务。用一个课时来教学《土地的誓言》，必须精练、高效。自读指导一：文意把握的一种方法——"一句话概说"，如"本文抒发了爱国青年对土地沦丧的压抑之感和对故土的深深眷念之情"，学生自选角度说话，然后教师小结。自读指导二：课文精读的一种方法——"三步习练法：朗读体味，美点品析，自由背诵"，教师选取课文中"土地是我的母亲……洗去她一切的污秽和耻辱"这一部分，对学生进行自读能力的训练。

对于本文，还可以改变课文类别。在教材中这是一篇自读课文，但对于文中如此美好的语言教学资源而言，如果教师将它当作教读课文来进行教学，那么学生的收获就会更多：一个课时略读，一个课时精读；或一个课时用于课文作文，一个课时用于选段读背。还可以丰富教材利用的角度，如编写分角色朗诵稿，变文为诗，重新整合课文内容为三五篇微型美文等。

一切的求新、创新，都是为了让学生在语言学习中有更多美好收获。

# 53. 美：好课设计三

下面是《散步》教学的导入语：

让我们一起走进美文《散步》。这里，有南方初春的田野，有铺展着生命的新绿，有阳光下的金色菜花，有水波粼粼的鱼塘……更有相亲相爱一家人的情感涟漪……

下面是《记承天寺夜游》的收束语：

苏东坡这位天纵大才，所给予这个世界者多，而所取自这个世界者少，他不管身在何处，总是把稍纵即逝的诗的感受，赋予不朽的艺术形式，而使之长留人间。（林语堂《苏东坡传》）

这里是《春》的教学中"春花"段品析之后教师的讲析：

这一段的美点表现在：画面描写之美，层次清晰之美，化静为动之美，穿插想象之美，烘托映衬之美，比拟手法之法，短句连用之美，句式运用之美，情景交融之美……

这里是《故乡》教学中对"中年闰土"人物形象的概说：

中年闰土：一个脸上加上了很深的皱纹的人，一个眼睛周围都肿得通红的人，一个头顶破毡帽、身上只有一件极薄的棉衣、浑身瑟缩着的人，一个手又粗又笨而且开裂、像是松树皮一样的人，一个像一尊"木偶"的人，一个外形穷苦、心情愁苦、语言悲苦、精神困苦、生活劳苦的人，一个饥寒交迫、在磨难中挣扎、在痛苦中煎熬的中年农民……

上述教学细节中的表述，都注意到突现美感——美的文字，美的形式，美的表达。

语文教学，不论是从育人方面，还是从语文训练方面，都需要进行审美的教育。

学校中的美育，已经引起国家高度的关注。2015 年，国务院办公厅专门发文，提出了"国务院办公厅关于全面加强和改进学校美育工作的意见"，文件指出：

美育是审美教育，也是情操教育和心灵教育，不仅能提升人的审美素养，还能潜移默化地影响人的情感、趣味、气质、胸襟，激励人的精神，温润人的心灵。美育与德育、智育、体育相辅相成、相互促进。

语文教学设计与教学中的美，需要我们注意五个方面的基本内容。

（1）课文的教学结构之美。思路清晰，层次明显，有简洁的导入，有精致的收束，有灵巧的过渡。

（2）课中活动的设置之美。活动的安排"标识"简明，活动的类型富于变化。

（3）文体教学的特点之美。不用习惯性的教学推进方法或统一的俗套模式应对不同文体文章的教学。要非常注意文学作品教学中美感的显现，对于不同文体特征的作品教学，要注意配之以教学手法的适当变化。

（4）教学活动的细节之美。动静相宜，繁简有致，学生实践活动的角度细腻，形式优美生动；教师与学生的对话简洁准确；少无端煽情，少号召鼓掌，少过分夸赞，少故作诙谐。

（5）教师语言的表达之美。简洁，明了，准确，雅致；精于指导，富于情致；能够表现教师的专业水平，能够表现语文教师的学问背景；少有重复，少有啰唆，少有平俗，少有矫情做作的腔调。

下面重点说一下如何形成教学中的细节之美，即活动的形式新，活动的角度精，指导要到位，习练要充分。

以学生"集句成文"的课中活动为例。

教师指导：在课文阅读学习中，可以在一首诗或一篇文章之内，用"集句成文"或"集句成诗"的方法，选取美句，重新组合，构成一首非常精短的诗或一篇小文章。

"集句成文"的学习方法，可以这样运用：反复品析、朗读原文；从浓缩全文内容的角度细心揣摩，挑选句段，进行勾画；精选语句，从"追求创意"的角度去尝试新的表达角度；细心地组句成文，在此过程中可以自由地变化原文的语序；进行润色，在需要关联的地方略略补写几个字，使其前后连接了无痕迹；为"新作"拟出标题；朗读、背诵"集句"之文或者"集句"之诗。

　　教材中可供学生练习的内容非常多：在课文《雨的四季》中集句，创作一篇200字左右的小美文；利用课文《我为什么而活动》集句，形成一首精致的小诗；在课文《伟大的悲剧》中集句，写一个"英雄之死"的片段；抽取课文《安塞腰鼓》中的美句，编一篇微型朗诵稿……

# *54.* 活：好课设计四

新课标要求语文教师：认真钻研教材，正确理解、把握教材内容，创造性地使用教材；灵活运用多种教学策略和现代教育技术；精心设计和组织教学活动。

这几句话说得非常好，所提出的要求直接关系到教师的教学设计与教学实践，且每个层次的要求中都含有一个"活"字，即活用教材，灵活运用教学策略，设计丰富多彩的教学活动。

在好课的设计上，我们可以从下面三个方面进行思考与实践，从而提高教学创意的水平。

（1）创造性地使用教材，让教学创意别开生面。

教材或课文的运用研究，于我们而言，基本上是空白。我们千万不要认为，课文就只是用来进行阅读教学的，我们也千万不要认为，教阅读就是教课文文本的内容。只有打开了课文用法研究的视野，才有可能创造性地使用教材。

请看课文的用法，是何等的摇曳生姿——它们可以用来：

培养一般的阅读分析能力，训练特别的阅读技法，让学生有丰厚的语言文字积累，进行语文知识的渗透式教育，进行思想情感的熏陶感染，训练学生各种不同的学习方法，锻炼学生的思维能力。培养与训练学生的欣赏能力，将课文作为朗读训练的材料，作为读写结合教学的资料，作为片段作文的写作模式，作为作文构思模式，视为专题阅读的复习材料和单元复习材料，处理成趣味语文活动的材料，就地取材为阅读练习的编写材料，精选为综合性学习的辅助资料等，还可以用作微型话题研究材料、说话训练材料、课本剧编写材料、专题性文学欣赏的材料等。

有了教材或课文用法研究的"活"，才有教学的"活"。

如《岳阳楼记》的教学，可以利用课文有选择地设计带有语文的、文化的、审美的教学特点的活动：朗读训练活动、角色吟诵活动、课中比读活动、难句解析活动、美段背读活动、妙点揣摩活动、章法欣赏活动、段式欣赏活动、画面描绘活动，甚至可以利用梁衡先生的散文理论设计引导学生探究《岳阳楼记》三美的活动：描写的美，意境的美，哲理的美。

（2）灵活运用教学策略，让教学过程手法生动。

策略，是方式方法的集合。灵活运用教学策略，指的是在教学中要运用多种多样的、生动有效的教学手法。教学手法的研究，基本上也是迟迟没有进入语文教师的视线。同样地，我们千万不要让"提问式教学"成为桎梏我们教学创造性的坏习惯。教学方法的世界是那样优美有趣、诗意盎然：厚重的背景资料的介绍，字词认读教学的分类推进，多角度课文概说，选点精读训练，课中微型写作指导，美点寻踪式细读欣赏，专题的文学欣赏指导，课文集美的趣味活动，教师的诗意讲析……常常带给我们"柳暗花明又一村"的美感。

如《春》的结构理解教学，教师只设计一个主问题"如果没有这一段"，就能带动学生对《春》中所有的"段"的品析，不仅仅只是品味到各段的作用，还能够体味到《春》中绵延的节令纵线。这种"由点及面"手法的运用，表现出非常大的教学能量。

（3）精心设计教学活动，让训练内容灵动鲜活。

课堂教学的生命线是学生的实践活动，课堂教学的灵魂是学生的丰富积累。课堂阅读活动不要只为解析课文内容着想，而要多为学生的训练活动着想，于是，认读、朗读、析读、品读、比读、寻读、写读、译读、听读、背读等诸多活动就可以在课堂上有效整合、相映成趣。

如《陋室铭》教学创意中各种美妙的活动：

①语言训练课：字词识记，文意理解，吟读背诵，美句品析，知识听记。

②学法实践课：自读自讲，自译自写，美点品析，吟诵背读。

③综合训练课：文词识记，口头翻译，快速背诵，手法赏析。

④趣味阅读课：认读识记 10 个字词，诗意译写 10 分钟，解析课中 10 个疑难，品味欣赏 10 种手法。

# 55. 丰：好课设计五

高效的课堂教学需要有容量，即教学的内容要丰富、丰厚。

比如，用45分钟教学一首古诗，是教学中司空见惯的事情。这样的课往往容量不足，磨来磨去就是20个字或28个字。如果在教材处理上多斟酌一下，就能够在一节课中进行"诗词两首"或"古诗三首"的教学，使课堂教学的容量充足起来。

在教学设计中养成"内容丰厚"的习惯，不仅对学生的学习收获大有好处，而且对教师综合素养的提升有重要作用，它可以使我们多研究教材的利用，多想办法设计精到的活动等。

让课堂教学的容量丰厚起来，方法与途径还是比较多的。

如更好地发掘课文本身的教学资源，对课文或课文片段进行多角度地反复利用，形成线条丰富的课堂训练活动。

以课文《大自然的语言》第1段的品读教学为例：

立春过后，大地渐渐从沉睡中苏醒过来。冰雪融化，草木萌发，各种花次第开放。再过两个月，燕子翩然归来。不久，布谷鸟也来了。于是转入炎热的夏季，这是植物孕育果实的时期。到了秋天，果实成熟，植物的叶子渐渐变黄，在秋风中簌簌地落下来。北雁南飞，活跃在田间草际的昆虫也都销声匿迹。到处呈现一片衰草连天的景象，准备迎接风雪载途的寒冬。在地球上温带和亚热带区域里，年年如是，周而复始。

运用"一段N练"的手法，让学生在这个段中"走"上五个回合：
①朗读并认读识记八个短语。
②将课文划分为两个层次，说明这样划分的道理。
③赏析语言，品析段中四字短语的表现力。
④说明这段文字在全文中的作用。
⑤当堂背诵此段。

这些全是货真价实的训练，有着足够的力度与深度，表现出充分利用课文、教学容量丰富的特点。

如加强对"短文两篇""外国诗二首""杜甫诗二首"之类课文的教学设计研究，加大教学的密度。

以七年级下册《古代诗歌五首》为例。

这一课共有《登幽州台歌》《望岳》《登飞来峰》《游山西村》《己亥杂诗》五首诗，教学中可以有不同的组合方式。如将《登幽州台歌》《登飞来峰》作为一个课时的教学内容，因为它们都有"登临诗"的特点；将《望岳》《游山西村》放在一起，在一个课时之中从"情趣"的角度进行比较阅读；将《己亥杂诗》与另外的古诗"配对"，领会古诗中的哲理之妙。

如运用联读、比读等扩展阅读的手法，利用教材之内或之外的教学资源，增加篇幅较短或内容简单易懂的课文教学的容量。

如余光中的《乡愁》的"诗歌联读"教学：在导入、背景介绍、乡愁诗知识讲析之后，先教学席慕蓉的《乡愁》，以作情感的铺垫；接着教学余光中的《乡愁》，展开朗读训练、背诵训练、品析训练；最后教学台湾诗人非马的《醉汉》或于右任的《望大陆》。这样，在一个课时之中，以余光中的诗为主要内容，进行三首乡愁诗的教学，它们彼此映衬烘托，相得益彰。

如增加课文知识教学的密度，密度的增加相当丁容量的增加。教师在教学之中，顺势渗透知识教育，既是一种教学技巧，也是有教学实力的表现。

以《济南的冬天》的教学为例。

将一个美妙的知识点落实到教学之中：用喻之妙。

《济南的冬天》基本上是每段一喻，以小喻大：小摇篮，带水纹的花衣，水墨画，蓝水晶。如：

小山整把济南围了个圈儿，只有北边缺着点儿口儿。这一圈小山在冬天特别可爱，好像是把济南放在一个小摇篮里。

山坡上有的地方雪厚点儿，有的地方草色还露着；这样，一道儿白，一道儿暗黄，给山们穿上一件带水纹的花衣；看着看着，这件花衣好像被风儿吹动，叫你希望看见一点儿更美的山的肌肤。

山坡上卧着些小村庄，小村庄的房顶上卧着点儿雪，对，这是张小水墨画，也许是唐代的名手画的吧。

整个的是块空灵的蓝水晶。这块水晶里，包着红屋顶、黄草山，像地毯上的小团花的小灰色树影。

这种美句集合的教学，其密度、厚度不言而喻。

# 56. 精：好课设计六

下面是《孔乙己》教学中将课文第 4 段与第 11 段进行比较阅读后师生的看法：

两段之中有：人物出场与退场的对比，高大的身材与被打折了双腿匍匐于地上的对比，脸上的伤痕与断腿的对比，身着破旧的长衫与只穿一件破夹袄的对比，满口之乎者也与只说大白话的对比，青白脸色与脸上的黑色的对比，睁大眼睛与人争辩与那眼神好像恳求人家不要再说的对比，说真话"窃书不能算偷"与说谎话"跌断，跌，跌……"的对比等。文中从时令、站坐、语言、语气、动作、形貌、酒量、钱数、手的用途等多方面所进行的对比，把精神和肉体受到巨大摧残的孔乙己的形象鲜明地呈现在读者面前，激起人们深深的思索。

这种比较式的阅读品析，就是课文精读的一种方法。

而根据文献研究，在长达几十年的《孔乙己》作品的教学中，居然没有运用这种"课中比读"的案例，也极少就《孔乙己》中某个片段进行精读训练的案例。从这类经典课文的教学就可以看出，日常教学中教师精读研究的乏力。

好课的设计需要"精"，这个"精"的含义就是：精选教学内容，进行精读训练。

精选教学内容，就是每个环节或每个板块中的教学内容，都需要细细地挑选与安排。背景铺垫的环节，要精选最有代表性的材料；字词教学环节，要精选字音、字形难度最大的内容；朗读训练环节，要精选课文中最为生动优美、富于情感的内容；品析训练的环节，要精选课文中最有训练价值的片段，等等。与"精选"相对的，就是"粗疏"，如重要的课文不介绍作者，上课不教生字词，朗读只告诉学生"用自己喜欢的方式读"，阅读分析只是让学生谈感受等。

进行精读训练，就是进行阅读技能的训练，就是对学生进行文意把握、要点概括、层次划分、句段评点、语言品析、手法欣赏、人物评价、特色归纳、规律发现、辨析修正、质疑问难、表达作用与表达效果阐释等技能的训练。与"精读"相对的，就是"泛读"与"泛问"，即浮在课文的表面进行大量的无效提问。

一位语文教师如果有了"精选教学内容"与"进行精读训练"的教学意识和能力，那就可以说在教学上已经比较内行了。

下面我们来欣赏几个教学板块中的精选、精读训练。

《木兰诗》选段品析：

> 万里赴戎机，关山度若飞。朔气传金柝，寒光照铁衣。将军百战死，壮士十年归。

话题：品析这一节诗语言表达的"精炼"之美。

品析所获：第一，层次特别清晰，战前，战中，战后；第二，语言形式优美，对称、互文手法生动；第三，动词运用精练，"飞"字用得特别精彩，写出了战事紧迫、行军神速，表现木兰跃马驰骋、勇敢矫健的英雄形象；第四，容量非常丰富，承上启下，表述了木兰从军的征途之遥、征战之勇、军旅之苦、百战之烈、十年之艰，可谓字字千金。

《回忆鲁迅先生》片段品析：

> 全楼都寂静下去，窗外也是一点声音没有了……一双拖鞋停在床下，鲁迅先生在枕头上边睡着了。

话题：赏析这一段中对鲁迅先生的别具一格的描写。

品析所获：语言表达饱含着感情，呈现出别样的诗意和赞叹之情；散文诗式的笔调与结构，对"背影"进行反复点示；用"寂静""夜""灯""街上的汽车嘟嘟地叫起来了""人家都起来了"，既表现先生夜晚工作时间的漫长，又运用了衬托的手法；从"许先生""海婴""保姆"的角度对鲁迅先生进行侧面描写；生动精致的特写镜头的运用……

《一棵小桃树》的精段赏析：

> 雨还在下着，我的小桃树千百次地俯下身去，又千百次地挣扎起来，一树的桃花，一片，一片，湿得深重，像一只天鹅，羽毛渐渐剥脱，变得

赤裸的了，黑枯的了……闪着时隐时现的嫩黄的光，嫩红的光。

任务：朗读，背诵，美点赏析。

品析所获：描写之美，细节之美，色彩之美，修辞手法之美，抒情之美，象征之美，作者的情感转折之美……

可以说，阅读教学中如果没有精读训练，就没有美感，就没有文学味，就没有能力训练。

# 57. 巧：好课设计七

　　教学设计中的巧妙，是一个广阔无垠的艺术天地，无可穷尽；教学设计中的巧妙，是教师教学素养、教学积淀的综合体现；教学设计中的巧妙，需要我们在追求高效课堂教学的大背景中进行艰苦的探索。

　　在好课的设计中考虑"巧"，主要目的就是显现教学智慧：教师教得有味，学生学得有效；巧教巧学，美不胜收。

　　"板块式思路"是"巧"。它简洁明了，逐层推进，其教学魅力就是摒弃碎问，每个板块都是学生参与实践的一次有力度的训练活动。

　　"主问题设计"是"巧"。它有一定的教学牵引力，一次设问、一项任务、一个话题就能让学生进入课文品读并充分有序地开展活动。

　　"多角度反复"是"巧"。教师对一篇短文、一首小诗进行整体利用，从不同的角度设计课文朗读、语言学用、词句品析、手法欣赏等课堂训练活动。

　　"长文短教"是"巧"。它表现出教师的教材利用意识与教材处理能力，在"文意把握"的前提下巧妙切入，扣住课文的或美点、或难点、或特点、或疑点组织有效的训练活动。

　　"浅文深教"是"巧"。它能有效地避开课文浅易、人人都懂的弱点，代之以有思维的深度、有知识的深度、有技能训练难度的训练活动，从而同样让学生经受历练。

　　"美文美教"是"巧"。它利用课文之美，进行审美教育。美美地听，美美地读，美美地品，美美地说，美美地写，美美地记。

　　"选点精读"是"巧"。它精选教学内容，缩小范围，集中视点，或就课文中的一个部分进行深入的品读欣赏，或就课文的某项知识内容、手法内容进行深入的研读体味。

　　"一课多篇"是"巧"。或是课文联读，或是双篇比读，或是诗歌串读，或是一文为主、多文映衬；以增加教学的内容，丰富课堂的容量。

　　"专题欣赏"是"巧"。利用文学作品课文，特别是小说作品，设置专题赏析的话题，有目的地引导学生赏析作品中的人物美、情节美、语言美、手法美。

"微文写作"是"巧"。课堂动笔，人人静写；句式学用，段式学用；课文概写，变文为诗；人物素描，画面描写；扩写补写，读写结合；语言学用，思维灵动。

"课中集美"是"巧"。指导学生提取、整合全文的关键句以把握文意，撷取文中的美句组合成全新章法与内容的精短微文，让课堂上有创造的快乐，有积累的收获。

"穿插引进"是"巧"。随着教学进程的推进，有选择地穿插词语卡片、作者语录、语文知识、微型故事、精短诗歌、补充资料等，使之相互照应，有节奏地出现，以增加教学中特别的美感。

"角色演读"是"巧"。或诗或文，或全文或片段，设计出分角色朗读的蓝本，师生共读或由学生朗读吟诵，表现出朗读活动的内容美、形式美、氛围美。

"顺势渗透"是"巧"。任何文体的课文教学，都可以在阅读活动中顺势给学生点拨一点儿语文知识，特别是与学生对话中术语的恰当运用，更能给教师的语言增添雅气。

"精要讲析"是"巧"。在教学活动收束之时，在教学板块过渡之中，教师就学生的讨论或教学的内容，进行要点明晰的课中讲析乃至课中微型讲座，使学生有更为丰厚的学习收获。

"学法实践"是"巧"。减少课中碎问，将成块的教学时间用于所有学生提取关键语句、进行课文评点、精读略读浏览、运用表格分析、归纳语言特色等学法实践活动。

"创新课型"是"巧"。为学生发展的需要进行课型创新，如语言学用课、专项能力训练课、专题文学欣赏课、读文心得交流课、名作重读课、课文作文课、单元多课型组合课等。

在有深研课文能力的教师的眼中和手中，教学资源取之不尽。同样，在有创新意识的教师的眼中和手中，教学设计中的"巧"也层出不穷、熠熠生辉。

教学中的"巧"，不是花样手法。所有巧妙的教学设计，出发点仍然是"实"。

# 58. 雅：好课设计八

教学中的"雅"，是一种追求，是一种境界，是教师教学修养与教学艺术的综合体现。教学中的"雅"，表现出来的是文气、雅致，在教学的美感中显露出教师的气质。教学中"雅"的重要载体，是教学语言的运用，包括书面语言与口头语言。

在教学设计中考虑并关注到"雅"的因素，对教师教学素养的提升，有着濡染、熏陶的正向作用。

(1) 在教学活动的设置中表现雅致。如莫怀戚《散步》的活动设置：

建议你这样理解文意——试着给文章再拟一个标题，并说明你拟的标题显示你读出了课文的味道。

建议你这样朗读课文——中速、深情地朗读，好像作者写完文章后欣赏自己的作品一样；读好文中的波澜，好像你一个人体味着故事中的几个角色一样；朗读课文最后一段，好像你是带着深深的体会作示范朗读一样。

建议你这样品味语言——以"字、词、句、段对人物的表现作用"为话题，自选文句并联系上下文用简洁的语言进行评点。

三次活动的安排，教学语言柔和、亲切，娓娓道来，指导从容，浸入学生心灵。

(2) 在课文教学导入时表现雅致。如史铁生《秋天的怀念》的导入语：

世界上有一种最美丽的声音，那便是母亲的呼唤。——但丁

上帝为什么早早地召母亲回去呢？迷迷糊糊的，我听见回答："她心里太苦了。上帝看她受不住了，就召她回去。"——史铁生《合欢树》

运用与课文内容密切关联的语录作为导入语，表达形式庄重，语意深沉蕴藉，叩动学生心扉，酝酿教学氛围，表现出别出心裁的美感。

(3) 在背景材料的铺垫中表现雅致。如高尔基《海燕》的教学铺垫：

高尔基（1868—1936），苏联著名作家、诗人、学者、无产阶级革命文学导师。代表作品有自传体小说《童年》《在人间》《我的大学》等。

1901年，俄国第一次大革命的前夜，沙皇反动政府加紧了对人民的镇压；高尔基此时写下了著名的《海燕之歌》，即《海燕》。

《海燕》，无产阶级文学的开山之作；散文诗；写物抒情、运用象征手法的经典作品。

这里的教学铺垫，动作规范，材料厚重，内容丰足，层次清楚，诠释简明，语言精练，一步步贴近作品的教学。

（4）在教学的活动中表现雅致。如毛泽东《沁园春·雪》的"文意理解"教学：

请大家用一个四字短语，说一说对这首词的阅读感受，比如，画面豪壮、雄健豪放。

学生评说，教师讲析：《沁园春·雪》指点江山，咏雪抒怀；描写抒情，意境雄浑；评古论今，气势磅礴；伟大理想，溢于言表。

活动小结：《沁园春·雪》画面壮阔，意境雄浑，气势磅礴，雄健豪放，是中国词坛杰出的咏雪抒怀之作。

每个细节都关注到教学语言暗合课文的表达风格，形式齐整，音韵响亮，格调高雅，富有感染力。

（5）在教师的课文讲析中表现雅致。如鲁迅《从百草园到三味书屋》中教师对课文写作技法的讲析：

本文运用了"突现几个美好生活片段"的写作策略：

描写好一个角落：美好的生机勃勃的百草园。

描叙好一个传说：神秘的让人觉得做人之险的美女蛇的故事。

叙说好一次活动：冬天的百草园，充满乐趣的雪地捕鸟。

记叙好一个故事：询问"怪哉"时，先生不回答我的问题。

描述好一个场面：先生在教室里入神地大声朗读的情形。

简叙好一个情景：先生读书入神时学生的自由活动。

在这些美好的片段之中，贯串着儿童眼中的一个"趣"字。

这里的解说文字视点集中，结构缜密，角度细腻，要言不烦，句式明朗，"描述"之类的动词富于变化，文学的味道浓郁。

（6）在教学收束时表现雅致。如《诗经》中的《蒹葭》教学收束时请学生朗读：

### 在水一方

绿草苍苍，白雾茫茫，

有位佳人，在水一方。

我愿逆流而上，依偎在她身旁。

无奈前有险滩，道路又远又长。

我愿顺流而下，找寻她的方向。

却见依稀仿佛，她在水的中央。

…………

用琼瑶填词的《在水一方》歌曲的节选作为教学的收束语，形式与内容都显得优雅大方，给课文教学留下一缕芳香。

## *59.* 趣：好课设计九

课堂教学中的"趣"，是为了激发学生的学习兴趣，增加课堂学习的意趣，培养学生的审美情趣，让学生享受到学习的乐趣。

课堂之趣，是雅趣不是俗趣，不是为了所谓的"趣"而着意撩拨、着力渲染等。

课堂之趣，是教学之趣，是思考之趣，是读写之趣，是发现之趣，是创新之趣。

好课的设计，趣是教师必须考虑的一个因素，也是教师提升教学素养的一种历练要求。

有趣味、有情趣的教学活动的设计方法和角度非常丰富。比如：

趣读课文：《〈论语〉十二则》的教学中，请学生将"贤哉，回也"这一章与"饭蔬食饮水"这一章进行对比阅读。

趣学字词：《愚公移山》的教学中，请学生用"成语印证法"学习文中字词。

趣说训练：《小石潭记》的文意把握练习中，请用"小""石""潭""记"四个字分别概说课文内容。

趣味分析：将《记承天寺夜游》分为四个部分，然后对这四个部分各用四字短语进行评析。

趣味发现：《最后一课》中最有表现力的一笔。

趣味写作：任取《假如生活欺骗了你》中的一个句子，以它为标题，写微型演讲稿。

趣味探究：《鱼我所欲也》中的"者""而""得""是""于""为"6个字，每个字的意义与用法都非常丰富。

趣味讲析：《孤独之旅》中暴风雨描写段里的10项语文知识。

教学之趣的活动设计，需要教师有宽阔的知识背景，灵动的教学思维。如下面两例。

(1)《谈读书》教学中的"警句摘抄"活动。

教师指导：

警句摘抄，是一种非常实在、非常实惠的学习方法。

在阅读中进行摘抄，时间会像往常一样流驶过去，但却留下了摘抄的内容，留下了用语言文字表述出来的思想精华。

这是一种积累精致语言的学习方法。

这是一种训练我们语感的学习方法。

这是一种提高我们信息提取能力的学习方法。

这是一种提升我们欣赏、鉴别能力的学习方法。

这是一种用"分类"来贮存资料的学习方法。

这是一种背读、记忆并运用、引用的学习方法。

这也是一种给我们以美好思想情感的濡染，让我们知识渊博的学习方法。

当摘抄的内容变成蝇头小字，一行一行、密密麻麻地呈现在我们面前的时候，那是何等的愉悦。

请学生自读《谈读书》，进行警句摘抄。

学生摘抄、交流之后，教师小结：

读书足以怡情，足以博采，足以长才。

读书费时过多易惰，文采藻饰太盛则矫，全凭条文断事乃学究故态。

读书补天然之不足，经验又补读书之不足，盖天生才干犹如自然花草，读书然后知如何修剪移接。

狡黠者鄙读书，无知者羡读书，惟明智之士用读书，然书并不以用处告人，用书之智不在书中，而在书外，全凭观察得之。

读书时不可存心诘难作者，不可尽信书上所言，亦不可寻章摘句，而应推敲细思。

书有可浅尝者，有可吞食者，少数则需咀嚼消化。换言之，有只须读其部分者，有只须大体涉猎者，少数则须全读，读时须全神贯注，孜孜不倦。

读书使人充实，讨论使人机智，作文使人准确。

读史使人明智，读诗使人灵秀，数学使人周密，科学使人深刻，伦理学使人庄重，逻辑修辞之学使人善辩；凡有所学，皆成性格。

（2）《雨的四季》教学中的"课文趣写"活动。

教师指导：

请大家以"美在四季"为主题，组合《雨的四季》中的有关文字，"创作"一篇微型美文。以"春/夏/秋/冬天之美在……"这样的句式开头。

学生专心研读、提取、写作：

春天之美在温柔。半空中似乎总挂着透明的水雾的丝帘，让每一棵树仿佛都睁开了特别明亮的眼睛，那萌发的叶子，简直就像起伏着的一层绿茵茵的波浪。水珠子从花苞里滴下来，比少女的眼泪还娇媚。

夏天之美在热烈。花朵怒放着，树叶鼓着浆汁，数不清的杂草争先恐后地成长，暑气被一片绿的海绵吸收着。而荷叶铺满了河面，迫不及待地等待着雨点，和远方的蝉声，近处的蛙鸣一起奏起了夏天的雨的交响曲。

…………

课堂教学中的文趣、情趣、美趣、乐趣、意趣……都是与教学有关的雅趣。

# 60. 深：好课设计十

　　课堂教学，往往是由浅入深的过程：既要有浅显的内容，也一定要有深刻的内容；既要有易于把握的内容，也一定要有难度比较大的内容。

　　如果只是将教学视点习惯性地放在解读课文内容的层面上，放在让学生谈感受的层面上，放在教师零碎提问的技术层面上，那么教学的内容可能永远"深"不起来。

　　教学的内容缺乏深度，基本上就是浮于课文表面的教学，既耗时又无效。

　　其实教材、课文中的训练要求有时是很深的。教师如果没有深度的教学能力，在教材面前就没有招架之功。如统编语文七年级上册教材中的若干课后训练题，都是给学生设置的，但许多教师的课堂教学连其难度的边都没有挨到：

　　《济南的冬天》　根据你的理解，标出课文第3段的重音和停连，并尝试朗读这一段。

　　《秋天的怀念》　朗读课文，体会作者的情感，说说文章为什么取题为《秋天的怀念》。

　　《散步》　本文以叙事为主，其中穿插了一些写景的语句，把它们找出来，品味这些景物描写的作用。

　　《荷叶·母亲》　这里为什么要插叙与故乡园院里的"莲花"有关的往事？

　　《从百草园到三味书屋》　你觉得这个"大"鲁迅是带着怎样的感情来写本文和《朝花夕拾》中其他文章的？

　　《纪念白求恩》　默读课文，归纳各段内容要点，说说课文段落之间的关系。

　　《诫子书》　联系上下文，说说你对文中"志"与"学"的关系是如何理解的。

　　《动物笑谈》　作者的语言诙谐风趣，有时还带着调侃的味道，阅读时注意体会这种幽默的效果。

············

这些要求思考与进行训练的话题，有的已经达到连语文教师都难以应对的高度。它们大量地、高频率地出现，说明在教材编者的眼中，这其实只是比较常规的教学内容，是理所当然应该在课堂教学中落实到对学生的训练之中的。

那么，我们怎样才能适当地让自己的课堂阅读教学有一点儿深度呢？最起码要做到两点。

（1）提高自己对教材进行深读与阐释的能力。比如，能够赏析文章的章法特点，能够说清文章是如何展开的，能够准确分析段落的层次结构，能够说明文章中段落之间的联系，能够欣赏文章表现人物、叙说事件、描绘景物、说明事物等写作手法，能够品味文章设置线索、安排照应、处理详略、形成虚实、妙用修辞等表达技巧，能够简洁深入地阐释有关句段在文章中的表达作用，能够品析字词句的表达效果……

语文教师只有具备了深度阅读与阐释的能力，才能让自己的教学有一点儿训练的深度。不然的话，连《纪念白求恩》中"归纳各段内容要点，说说课文段落之间的关系"这样的练习题都答不上来，哪里还能训练学生。

（2）更新自己的教学理念。关注对学生的阅读分析、品析、赏析能力的训练，并形成教学习惯。

下面我们来看看统编语文八年级上册教材中《藤野先生》的几道课后思考探究题：

一　本文是一篇回忆性散文。看看文章记录了作者留学过程中的哪几件事，试为每件事拟一个小标题。

二　阅读课文中作者与藤野先生交往的部分，说说为什么他"在我的眼里和心里是伟大的"。

三　本文题为《藤野先生》，可是作者还用了大量篇幅写和藤野先生无关的见闻和感受，你认为写这些内容有什么作用？

这三道题，就教学深度而言，对我们是极好的教育与启迪。

第一题，着眼于文意把握，训练学生概括文章要点与语言表达的能力。第二题，将训练的视点引向课文内容的精读训练，对人物进行多角度的评价，对道理进行有条理的阐释。第三题，利用课文对学生进行难点解析的训练，此题难度很大，涉及作品的表达目的与表达技巧，涉及文章明线与暗线，以及文章的映衬手法等多方面的内容。

这就显现、表现了教学与训练中的"深"，这就对语文教师的阅读教学能力与素养提出了很高的要求。

为了学生语文素养的形成，我们需要在体味教材训练标准时，适当地保持课堂教学的深度。

第七章

用好统编教材

# 61. 更新教学理念：统编教材运用一

在语文教材的使用方面，我们的教学设计习惯，基本上还停留在"照本宣科"的层面上，即就一篇课文的内容，设计一节课或两节课，主要用提问解析的方式，完成对课文的阅读理解教学。

统编语文教材的出现，迫切需要我们摒弃这种低效教学的习惯，更新教学理念，以全新的姿态提升教学设计的水平和教学能力。

为什么在使用统编语文教材时要更新教学理念呢？以七至九年级的统编语文教材为例，至少有如下几个理由：

（1）此套语文教材采用了"双线组织的单元结构"，即按照"内容主题"来组织单元教学内容，将"语文素养"的训练落实到单元之中。这样，单元教学中的知识点和能力点的训练都得到很明晰的彰显，需要在课堂训练中落实。

（2）此套语文教材鲜明地表现出"三位一体"的前沿理念，改"精读"为"教读"，改"略读"为"自读"，非常强调增加阅读的厚度，强调语文课堂阅读向课外阅读延伸，建构了教读—自读—课外阅读"三位一体"的教学结构。这就需要关注课文类型的不同，设计不同的课型来贯彻这种前沿理念。

（3）此套语文教材强调了文体教学的意识，专门安排了若干个不同文体的单元，覆盖新闻、传记、书信、演讲、游记、诗歌、散文、说明文、议论文、小说、童话寓言、戏剧和古诗文的教学，这同样需要有课型和教法的变化以及教学手法的创新。

（4）此套语文教材特别强调并突出地要求进行知识教学。教材总主编温儒敏先生曾指出，这套教材重新确定了语文教学的"知识体系"，要求落实那些体现语文核心素养的知识点和能力点。教材的编者梳理出上百个知识点和能力训练点，把它们安排在不同年级、不同单元之中。这些教学内容直击我们的教学弱点，要求我们从此关注知识教学的问题。

（5）此套语文教材在单元设置上有着前所未有的突破。从八年级起，每册教材安排一个"活动·探究"单元。八年级上册是新闻单元，八年级下册是演讲单元，九年级上册是诗歌自主欣赏单元，九年级下册是戏剧欣赏单元。这些单元的教学，以"活动任务单"的形式驱动，每个单元设置了三次自主学习活动。如九年级上册的诗歌自主欣赏单元：活动一是"自主欣赏"，活动二是"自由朗诵"，活动三是"尝试创作"。面对这样的"活动"单元，传统的教学方法显得格外无力，更不用说那些千篇一律、呆滞死板的导学案了。

（6）此套语文教材的课文选材，基本上是"文学"的。如果忽略单元教学的目标，单从课文的文体特点看，不算古诗文在内，现代文学作品的课文大约有 80 篇，这是一个巨大的数字，其中仅现代诗歌就大约有 15 首，小说作品大约有 18 篇。这些课文的教学，是在统编教材背景下的教学，特别强调其文学性、知识性，极大地考验着语文教师的知识背景和教学能力，不容许你不改变、不提升自己的教学理念。

那么，我们的教学理念大致需要提升到什么样的境界呢？主要应做到如下八个关注：①关注课文教学资源的利用；②关注课堂实践活动的设计；③关注语言学用教学的落实；④关注学生读写技能的训练；⑤关注语文知识的着力渗透；⑥关注单元训练的知能目标；⑦关注"三位一体"的不同课型设计；⑧关注学生的课堂集体活动。

如果我们可以在教学理念的更新上走出一步，那么带来的则是教学能力与教学效果的提升。

下面是《秋天的怀念》的一个教学创意：

课时：一节课。
教学铺垫：作家经历介绍，作家作品介绍，字词认读积累。

活动一　课文朗读训练
一读，感受文章的感情基调；二读，感受文中情感的抑扬；三读，体味、揣摩文中对话的语气；四读，读好文中的重点段落第 3 段，顺势请学生根据文意阐释课文取题"秋天的怀念"的原因。

活动二　语言品析训练
话题：课文平静的叙述中蕴含着感人的力量，品析文中细节，体味词句语言的表现力。

　　活动三　美段读背训练
　　读背课文最后一段，顺势理解其表达作用与表达效果。

188　　　这个教学创意紧扣单元训练目标，设计教读指导课型，重视学生集体进行的课中实践活动，关注了阅读技能的训练和语言的学用积累。

# 62. 梳理提炼要点：统编教材运用二

统编教材，也称部编教材。统编语文教材的出现，是语文教学界的一件大事、盛事。这套教材体现着国家意志，核心旨归是立德树人，又具有浓郁的语文学科的特点。因此，我们需要尽快地、透彻地把握它，从而高效地使用它。

统编教材的出现，让我们有了训练自己的新契机、新难度。

我们可以利用统编教材，训练自己整体地、多角度地梳理教材结构与内容的能力。

研读梳理统编教材，要有分类的思维方式与操作方法。可从全套教材的阅读单元、作文体系、综合性学习、名著导读、课外古诗词诵读五个方面进行分析与整合，从而比较宏观地了解构成全教套材的基本内容，做到胸有一盘棋，以便瞻前顾后、左右勾连。

如通过梳理，可以了解七至九年级语文教材中的 36 个内容主题：

四季美景、至爱亲情、学习生活、人生之舟、动物与人、想象之翼、
群星闪耀、家国情怀、凡人小事、修身正己、生活哲理、科幻探险、
自然之音、社会变化、生活记忆、美景依然、情感哲思、文明印迹、
情操志趣、民风民俗、科技之光、养性怡情、思想光芒、江山多娇、
情趣理趣、砥砺思想、游目骋怀、青春年少、理想信念、人物百态、
生活咏叹、人物画廊、家国之思、读书鉴赏、舞台人生、浩然正气。

这些主题可谓布局科学、博大宽厚，既让人心生敬畏之情，也给了我们以脚踏实地进行优质教学的警醒。

我们可以利用统编教材，训练自己专项地、深入地提取有关训练项目与训练内容的能力。

研读梳理统编教材，要有专项研究的思维方式与操作方法。教师要特别关注语文素养的养成与训练。长期以来我们基本上已经失去了极其重要的教学理念——利用教材、课文训练学生的读写能力。只有当我们的眼光重新凝聚于统编教材的训练目标时，我们才有可能警醒。

如对统编语文教材七至九年级 36 个单元中阅读能力和文体阅读训练点的专项提取：

七年级　学习朗读，品味文中的精彩语句，体会汉语之美；整体感知课文内容，把握作者思想感情；学习默读，梳理文章的主要内容；学会圈点勾画，理清作者思路；学做摘录，概括文章的中心；学习快速阅读，练习展开联想和想象；学习精读，字斟句酌，把握人物特征；学做批注，了解抒情方式；熟读精思，把握叙事角度，分清详略；学习略读，快速捕捉阅读重点；学习比较阅读，了解描写方法，学习托物言志的手法；学习浏览，快速提取文章的主要信息。

八年级　阅读新闻类文章，获取主要信息，把握作者的观点和态度；阅读传记类文章，对人物和事件有自己的理解和判断；诵读古诗文，借助注释和工具书了解大意，积累常见文言实词；阅读不同类型的散文，把握其共性和个性；学习说明方法，揣摩说明语言，把握说明对象的特征；诵读古诗文，积累常见文言虚词；了解民俗，学会多种表达方式的综合运用；把握主要观点，提取主要信息，领悟科学精神和科学方法；诵读古诗文，积累常见文言句式；了解书信和演讲的特点；阅读游记，把握叙述角度和景物描写的特点；诵读古诗文，积累经典语句。

九年级　学习诗歌，理解诗歌的意象，感受意境，品味语言；阅读议论性文章，能够区分观点和材料，把握议论的中心；诵读古诗文，把握作者的情感；梳理小说的情节，理解小说的主题；分析材料，把握论据，理解观点与材料之间的联系；阅读古白话小说，把握情节和结构，揣摩语言；学习诗歌，感受韵律，把握意象，理解诗人情感；把握小说的人物形象，学会欣赏小说；诵读古诗文，注重积累、感悟和运用；了解作者观点，提出看法，探讨疑难，尝试迁移运用；阅读戏剧作品，把握戏剧冲突和戏剧人物；诵读古诗文，感受人物的思想和情感。

这些专项训练可谓覆盖充分，安排周密，由浅入深，由易及难，带给我们极大的震撼。如果教师的专业水平不高，教学能力不强，那么他们不可能真正提升学生的语文素养。

我们还可以利用统编教材，进行着眼点更小、内容更细腻的提炼与提取。在统编教材的广阔天地中，我们随时可以发现新的宝藏。

# *63.* 关注训练标准：统编教材运用三

语文课堂阅读训练的标准，基本上不在我们研究的视野之内。在教学模式盛行的年代，大多数教师关注的是响亮的口号，是肤浅的形式，是一轮又一轮的教学模式的风潮，哪里还去研究训练的标准。

什么叫作阅读教学的训练标准？就是训练所要达到的难度、高度和深度。没有训练标准的意识，就没有了训练目标的意识，就不能让语文教师精心地研读教材，精细地审读课文的教学要求，精致地设计课堂训练活动。没有训练标准的意识，教学就容易随意、肤浅、粗糙、低效。

统编语文教材不容许我们不关注课文阅读的训练标准，它给我们规定了训练标准。特别是教读课文，在单元目标中，在课前的"预习"中，在课后的"思考探究"和"积累拓展"中，都或明或暗地标示了课堂教学所应该达到的能力训练与知识积累的标准。如果我们漠视了这些，就有可能在无意中降低了这篇课文的训练价值，从而影响学生的学习收获。

以《纪念白求恩》为例，先看本课"规定"的教学标准：

"思考探究"中的要求　①默读课文，归纳各段内容要点，说说课文段落之间的关系。②课文第2、3段通过对比手法，突出了白求恩同志的高贵品质。默读这两段，勾画出相应文字，并体会对比手法的表达效果。③背诵课文第4段，将这一段划分为两个层次，并说说两个层次之间是如何过渡的。

"积累拓展"中的要求　品味语句，体会其表达效果。并尝试仿写句子，用上加点的词语……

可以说，就七年级上学期的教学而言，这些"规定"是很高的，特别是"说说课文段落之间的关系"和"说说两个层次之间是如何过渡的"两个话题，要求很高，难度很大，不是随意问学生就可以达到的。

但如果有教师这样来设计、安排本课的学习活动：

知识与能力目标：初步掌握议论文的三要素。

过程和方法目标：诵读，自主、合作和探究。

情感态度价值观目标：引导学生正确认识共产主义精神，激发学生的爱国热情。

活动一：整体感知，理清思路。概述文章的主要内容并提炼出文中的几个观点。

活动二：课文分析，知晓手法。引出议论文的概念及分析其三要素：论点、论据和论证。

活动三：赏析句段，品味语言。

活动四：体验反思，畅谈感受。

这份教学设计就远离了《纪念白求恩》的教学要求。教师自作主张、南辕北辙，甚至与本篇课文的教学要求风马牛不相及，根本谈不上达到本课的训练标准。其原因是旧的教学习惯使然，教学的设计者或许真的没有细细地研读统编语文教材中的《纪念白求恩》及其教学要求。

为了达到《纪念白求恩》的教学标准，我们可以这样设计其中主要的教学活动：

活动一　略读，理解文思

①请学生默读课文，圈画出每段课文中的关键句，形成课文的要点概括文字。

②据此观察、分析、讨论课文四个段落之间的关系。

活动二　细读，深入片段

①反复朗读课文第 2、3 段，特别读清第 2 段的段内层次，感受段中叙议结合的写法。

②品味第 2 段中词语的表现力。

③填写表格，体会段中对比手法的运用，品析其表达效果。

活动三　背诵，语言积累

①朗读、背诵课文第 4 段。

②分析这一段的层次并发现两个层次之间的过渡句。

活动四　批注，句式仿写

①赏析第4段的表达之妙，请同学们做好评点、批注。

②仿写课中句式：一个人能力有大小，但只要有这点精神，就是一个高尚的人，一个纯粹的人，一个有道德的人，一个脱离了低级趣味的人，一个有益于人民的人。

作业：课外阅读"积累拓展"之五所建议的老一辈革命家写过的纪念白求恩的文章。

用两个课时完成上述教学计划，由于尊重了课文训练的要求，不仅达标了，而且让学生在语言积累上有更厚实的收获。

所以，运用统编语文教材，要养成新的备课习惯：品析课文的训练标准，紧扣其知识和能力的训练要求来设计课堂实践活动。

# *64.* 精于教读训练：统编教材运用四

统编语文教材的初中学段，改"精读"为"教读"，改"略读"为"自读"，这是很有见地的。从概念上讲，"教读"中可以有"精读"；从教学效果上讲，"教读"更能表现对读写能力进行训练的力度。

什么是"教读"呢？"教读"是语文教材的一种编辑思想，即利用课文对学生进行有指导性的训练。所以统编语文教材中对教读课内容的设计比较丰富，既有预习要求，又有思考探究题，还有积累拓展建议。

"教读"是课文阅读教学的一种课型，是统编语文教材"三位一体"教学结构中的关键一环。"教读"重在教师对学生的阅读训练指导，教师的指导作用在这里得到了凸显。

（1）"教读"的重要内容之一是文体阅读能力的训练。如新闻、散文、诗歌、小说、说明文、议论文的阅读知识和能力训练。

（2）"教读"的重要内容之二是阅读方法或学法的训练。如精读、略读、默读、速读、浏览、跳读、猜读、比较阅读等，统编语文教材在多种阅读方法的训练上是增加了一些分量的。

（3）"教读"的重要内容之三是对学生终身受用的分析、品析、评析、赏析能力的训练。如练习朗读、概括要点、划分层次、品析语言、赏析细节、欣赏手法、评价人物等，其训练的高度往往与阐释"表达效果""表达作用"密切关联。

（4）"教读"的重要内容之四是语文知识、文学知识的顺势渗透与积累。特别是文学知识的教学与积累，是统编语文教材相当关注的内容。

"教读"，对教师的教学理念、把握教材的能力、组织学生实践活动的能力、落实训练目标的能力以及自身的知识储备都提出了比较高的要求。从这个层面同样可以证明：课文阅读教学的目标和高度，绝对不是"就课文教课文"能够达到的。

教读课文的教学设计，需要做到三个充分：充分利用课文中的训练资源；充分利用单元目标、预习要求、思考探究与积累拓展的内容；充分关注课文教学所要达到的训练标准。

做到了这三个充分，可以向"精于教读训练"迈出一大步。

现以八年级下册《壶口瀑布》为例进行"教读课教学设计"说明。

单元教学目标：了解游记的特点，把握作者的游踪、写景角度与方法，揣摩和品味语言，欣赏、积累精彩语句。

本课训练标准：增加游记知识，概括事物特点，品析独到的观察视角，分析段的作用，欣赏精妙的语句，尝试写微型赏析文字。

安排两个课时，进行本课的阅读、写作、品析能力的训练。

教学创意：以"段"的读写训练为线索，贯穿全篇课文的教学。

第一课时：文意把握，特点概析。

教学铺垫："游记"知识介绍，作者梁衡介绍，梁衡写作风格简介。

字词积累：从"字音字形""词义解释""四字短语积累"三个方面进行。

实践活动一：课文朗读，课文默读。（初步理解文意）

实践活动二：品味、分析课文 6 个自然段之间的关系，说说课文分别写了壶口瀑布在雨季和枯水季节的哪些特点，作者在写了壶口瀑布的水之后，为什么又写"脚下的石"？（完成"思考探究一"的训练任务）

课堂交流，师生对话，教师小结：第 1 段总说，第 2 段写雨季壶口瀑布的特点，第 3～5 段写枯水季节壶口瀑布的特点，第 6 段升华意境，收束全文。第 5 段写"脚下的石"，是从侧面表现壶口瀑布的水的威力。

实践活动三：再次整体默读课文，观察、发现自然段的结构特点，并阐释这种特点。（完成"思考探究三"的训练任务）

课堂交流，师生对话，教师小结：作者在课文第 2～5 段中运用了类似于叙议结合的手法，既写了所见景象，又表达了自己的感受。

第二课时：选点精读，语言赏析。

实践活动一：听读、朗读课文第 3 段。教师示例，引导学生从自然段

的层次、语言的精妙、修辞手法的生动、有叙有议的角度品味其语言表达的妙处。（完成"积累拓展四"的训练任务）

实践活动二：朗读课文第4段，品析其独到的观察角度，以及独特的景物特征，试着写一段赏析文字。（完成"思考探究二"的训练任务）

实践活动三：背诵积累课文的最后一段，然后收束教学。

# 65. 落实自读教学：统编教材运用五

    统编语文教材编辑思想的一个重大变化，就是变"精读"为"教读"，变"略读"为"自读"。从教学的角度看，自读课同样需要教师准备教学设计，学生同样需要在教师的指导下进行自读实践。

    重视对学生的自读训练，首先要知道"自读课文"在教材中是怎样安排的，它们有什么样的特点。

    下面对七至九年级统编语文教材中自读课文的特点作简单地梳理：

    （1）每个单元都安排了自读课文，大多数单元是一篇，少数单元有两篇，"活动·探究"单元除外。

    （2）一般单元中的自读课文，课文前面没有预习要求，课文后面没有"思考探究""积累拓展"的训练题，但有写得很精致的"阅读提示"。

    （3）一般单元中的自读课文，排版的形式不同，基本上每篇课文的旁边都有编者对重要内容的评点批注，以点示、启迪学生的阅读，或给学生的自读做出示例。如七年级上册语文教材的六个单元共有六篇自读课文，其编排形式完全一样。

    （4）一般单元中的自读课文，也有编者不进行课文评点批注的篇目，如八年级上册语文教材中，《美丽的颜色》《昆明的雨》《梦回繁华》等课文就是。这样的编排，或许是让学生略略读过即可，或许是意在让教师有一点儿教材处理的创意。

    （5）八年级以上语文教材中的特别单元，即"活动·探究"单元中的课文，因为单元任务的多样，阅读只是其中的一项任务，更多的是学生实践的任务，所以课文都以自读课文的形式出现，而且要求比较简单，连课后的阅读提示也没有。如八年级上册的"新闻单元"，八年级下册的"演讲单元"都是如此。

    （6）八年级以上语文教材中的文言诗文单元里的自读课文，有较高的阅读训练要求。课文前面有"阅读提示"，课文后面有"思考探究"，这种形式介乎现代文教读课文与自读课文之间，既显现出教材编写的灵活性，又表现出对文言自读课文教学的强调。

自读课文的教学，一定要表现出"自读训练"的特点。

我们需要知道如下教学知识：

(1) 自读课，是一种阅读教学的课型。

(2) 自读课，重在学生的自读实践——实践阅读方法，关注语言学用，增加动笔机会。

(3) 自读课，重在教师指导下的学生自读，大量的教学时间由学生支配，重点让学生有如下学习方式与能力训练的自读实践：学会朗读，学会摘抄，学会批注，学会整理，学会比较，学会发现，学会提取，学会横联，学会质疑，学会微写。这里所谓"横联"，就是横向联系思考问题，横向联系解决问题。

(4) 自读课文的教学，需要扣住本单元的读写技能训练目标进行。

(5) 自读课的设计，一般用一个课时进行教学。主要有如下角度：①放手让学生根据单元训练目标进行自读或自由浏览；②从紧扣单元训练目标入手设计学生的自读活动；③根据课后的"阅读提示"，突现一个训练要点，设计学生的自读实践活动；④对内容艰深难读的课文，学生可以在教师的指导下进行"难文浅读"；⑤对文言诗文单元的自读课文，进行类似于教读课文的训练；⑥创造性地设计有个性特点的自读课型，如语言学用课、朗读背诵课、微文写作课、拓展阅读课等。总之一句话，就是让学生有更多的时间，进行更多的课堂实践活动。

下面说说自读课文——汪曾祺的《昆明的雨》的教学创意：

教学铺垫：作家作品简介，认字识词，积累语言。

活动一

首先，自读课文，了解课文内容。

然后，自读课文，根据课后阅读提示，从"情感抒发"的角度对课文进行评点批注。

最后，课中交流，梳理出文中的情感线索：

昆明的雨季，"让人舒服"——一种愉悦之情；

这里草木的色彩"使人动情"——一种喜爱之情；

卖杨梅女孩的声音"使昆明雨季的空气更加柔和"——一种陶醉

之情；

　　这里的房东会把辛苦摘下的缅桂花毫不吝惜地分送给邻居——一种赞叹之情；

　　友人会在这样的雨季，陪汪先生赏雨观景，让他暂时忘却乡愁——一种怀念之情。

　　有这么多难以忘怀的浓情，怎能不"想念昆明的雨"呢。情感线索：对昆明生活的喜爱与想念。


　　活动二

　　自读课文内容，根据课后阅读提示，在教师的示例下，自己圈点批注，品析文中的美感与诗意，并通过朗读加以体味。

# 66. 注重文学教育：统编教材运用六

注重文学教育，最基本的方法或途径是落实文学作品课文的教学与训练，在教学中进行文学濡染。统编初中语文教材中的古今文学作品数量巨大，超过百篇以上，这对每一位初中语文教师的教学能力都是非同寻常的挑战。

文学作品的教学，大而言之，需要"得体"，即要清晰地表现出所进行的是诗歌、小说、散文、童话、寓言、剧本的教学；小而言之，需要"得法"，即有思路清晰、活动充分、细节到位的课堂实践活动的设计。

在文学作品的教学中，需要做到如下方面的"细节到位"。

(1) 坚定地落实单元的训练目标。如七年级上册第一单元：

学习本单元，要重视朗读课文，想象文中描绘的情景，领略景物之美；把握好重音和停连，感受汉语声韵之美。还要注意揣摩和品味语言，体会比喻和拟人等修辞手法的表达效果。

(2) 细细地落实单课的训练要求。如七年级上册《古代诗歌四首》：

①反复诵读，注意读准字音，读出节奏，读出韵律，感受诗歌的音韵美。②体会《观沧海》质朴刚健、音调铿锵的特点。③品析《闻王昌龄左迁龙标遥有此寄》以描写"杨花""子规"两样景物起笔的用意。④朗读《次北固山下》，体会"潮平两岸阔，风正一帆悬"上下句对偶的精妙。⑤体味《天净沙·秋思》所营造的特别氛围。

(3) 特别突现学生赏析能力的训练。如九年级上册《孤独之旅》：

小说紧扣杜小康的心理变化展开叙述和描写，写出了人物在特定环境中的情感波澜，心理刻画细致入微。此外，大量的环境描写对人物也起到了很好的衬托作用，富有韵味的语言营造了诗一般的氛围。阅读时找几个触动你心灵的段落，细细品读，体会小说中的诗意。

(4) 随课进行语文知识、文学知识的积累。如：

七年级上册《散文诗二首》 散文诗有诗的情绪与想象，像诗一样精粹、凝练，但不像诗歌那样分行与押韵，而是以散文形式呈现。

九年级上册《岳阳楼记》 北宋诗人陈师道曾经指出："范文正公为《岳阳楼记》，用对语说时景，世以为奇。"这篇散文大量运用排比、对偶等修辞手法，富有文采和诗意，读起来朗朗上口，铿锵有力。有感情地朗读课文，体会其中的语言美，并在熟读的基础上背诵。

九年级上册《智取生辰纲》 小说围绕着生辰纲的争夺，采取了明暗结合的双线结构。同学之间讨论：明线是什么？暗线又是什么？这样安排有什么好处？

（5）遵循课文规定的教学标准与难度。如九年级上册第一单元现代诗歌的自主欣赏要求：

这几首诗有哪些意象？它们分别具有怎样的特点？诗人通过这些意象描绘了怎样的画面或营造了怎样的意境？

尝试创作。选择一个对象，写一首小诗，抒发自己的情感。在写作过程中，注意句式和节奏。

…………

在完成以上任务的基础上，任选一首你喜欢的诗，写一段赏析文字，与同学们分享。

（6）提高课堂语言的质量，坚持运用有文学味道的教学语言。

下面是从七年级下册语文课本中摘取出来的有关语汇，显示出优美教学语言运用的三种角度，可供我们参考：

①知识术语：细节描写，故事情节，直接抒情，间接抒情，借景抒情，托物言志，写景状物，铺陈排比，烘托，称谓语，文章起笔，叙事诗，传记文学，传奇，科幻小说，第一人称口吻，画面感，韵律美，制造悬念，埋下伏笔，误会，一波三折，象征，暗写……

②评价语言：简洁精炼，铿锵有力，直抒胸臆，精致凝练，富有诗意，别具一格，经典作品，刚健质朴，民歌特色，神奇色彩，生动传神，简洁风格，弦外之音，诗中有画，清新流畅，耐人寻味，抑扬错落，饶有趣味，含义丰富，寄寓情思，真情洋溢，想象奇特，构思巧妙，感人至

深，意境悲凉，议论精警，幽默诙谐，意趣横生，饱含着感慨，哲理的光彩，寄托着深意，出人意料又在情理之中……

③指导用语：精读，通览，略读，简要分析，涵泳品味，扫视文段，提取信息，把握关键词句，揣摩品味含义，体味表达的妙处，体会语言的表现力，找出评价性词语，说说其表达效果，体会作品情境，感受作者情怀，感受文章的意蕴，把握严谨的思路，说说语言风格的不同，体会词句蕴含的情感，解释其衍生的意义……

# 67. 巧于两种利用：统编教材运用七

为了比较准确地达标，统编语文教材的课文教学设计需要关注单元教学导语、预习要求、思考探究、积累拓展、阅读提示等内容。就教读课文、自读课文的教学而言，可以考虑适当利用"思考探究""阅读提示"中的内容进行教学设计。这就是本文所说的巧于两种利用。

（1）利用教读课文后面的"思考探究"来设计教学。"思考探究"题有三重功能：①规定本课教学的标准；②显现课中、课后练习的抓手；③点示教学设计的大致思路与训练内容。

如教读课文《驿路梨花》后面有三道"思考探究"题：

一　下面的人物分别与小茅屋有过什么故事？谁是小茅屋的主人呢？

"我"和老余　瑶族老人　一群哈尼小姑娘　解放军战士　梨花

二　本文构思巧妙，层层设置悬念和误会，使故事情节一波三折。结合课文内容分析这种写法，说说其表达效果。

三　"梨花"在文中多次出现，所指不尽相同，请找出来，解释各自的含义，并说说这几次出现对全篇结构的作用。再想一想，用"驿路梨花"做标题有什么妙处？

这三道题，能够引领学生对《驿路梨花》进行三次角度不同但都着眼于课文整体的赏析：

"一"引导学生分析、品味，理解本篇小说的"立意"技巧。

"二"引导学生分析、揣摩，品析本篇小说的波澜手法及表达效果。

"三"引导学生分析、欣赏，品味本篇小说整体构思的艺术手法，对小说的细节进行赏析。

于是，它们能够成为教学中的"主问题"，进而形成学生的课堂实践活动。从教学设计的角度而言，我们对其进行添枝加叶、优化细节的加工，就是一个极好的教学创意。

这个教学创意，一定有思路简明单纯、提问精粹实在、品读细腻深入、学生活动充分、课堂积累丰富的教学效果。

再如教读课文《藤野先生》课文后面的"思考探究"题：

一　本文是一篇回忆性散文。看看文章记录了作者留学过程中的哪几件事，试为每件事拟一个小标题。

二　阅读课文中作者与藤野先生交往的部分，说说为什么他"在我的眼里和心里是伟大的"。

三　本文题为《藤野先生》，可是作者还用了大量篇幅写和藤野先生无关的见闻和感受，你认为写这些内容有什么作用？

这三道题，既是引导学生深入品析课文的好抓手，也是我们进行教学创意的好角度：

"一"的训练作用：知晓文体，概括事件，整体理解文意。

"二"的训练作用：突现重点，选点品析，赏析细节描写。

"三"的训练作用：着眼全篇，揣摩写法，品悟表达艺术。

利用上述三道题，再参考本文课前"预习"中的"鲁迅作品的语言简洁、幽默、富于感情色彩、耐人寻味"的提示，加上语言品析训练的内容，就是一个好的教学创意，一定符合本单元的训练目标。

（2）利用自读课文后面的"阅读提示"来设计自读指导方案。统编语文教材中的"阅读提示"有高超的表达水平，让人赞叹，为历来初中语文教材同类内容所不及，因此有重要的利用价值。

仅举科学说明文《大雁归来》的"阅读提示"为例：

本文是一篇富有文学色彩的科学观察笔记，阅读时要注意其中对雁群生活习性的观察和说明，欣赏作者的抒情笔法，感受作者的浪漫情怀。在作者笔下，大雁富有灵性，熟悉人类的游戏规则，还会低声细语和高声争辩。文章字里行间充盈着对大雁的喜爱之情，表现出对它们命运的关注，体现了一位环境保护主义者的深切思考。

在《沙乡年鉴》中，作者分12个月，记录了他那贫瘠荒凉的沙乡农场一年四季的物候风景、生活趣事，细致描摹了各种生物的生存状况，表达了对自然的尊重和对人与自然关系的全新思考。有兴趣的话，可以把这本书找来读一读。

这份阅读提示具有指导美、提示美、概括美、文采美、知识美、拓展美等诸多美点。它提示我们，可以设计这样的自读活动：

　　活动一：筛选主要信息，概写"富有灵性的大雁"。
　　活动二：进行课文批注，品析"富有情致的文句"。

　　这样的教学创意，也是符合本单元的训练要求的。

## 68. 指导学生动笔：统编教材运用八

统编语文教材增加了学生课中动笔的训练内容与训练难度，意在让教师指导学生勤于动笔。除了要求学生在课堂上有课文批注、表格填写、句子摘抄等动笔活动之外，还有如下动笔活动可以考虑。

（1）拟写标题。概括文意，语言学用。如：

《散步》 朗读课文，说说文章为什么取题为《散步》。如果换个角度另拟一个题目，你会以什么为题？说明你的理由。

《藤野先生》 本文是一篇回忆性散文。看看文章记录了作者留学过程中的哪几件事，试为每件事拟一个小标题。

（2）句段仿写。学用语言，加深对课文语言形式的理解。如：

《敬业与乐业》 作者在谈到"有业之必要"时，举了孔子和百丈禅师的两个事例；在谈到"凡职业都是有趣味的"时，列出了四个原因。参照这两种写法，试着为"有业之必要"列举几条理由，或为"凡职业都是有趣味的"提供几个事例。

《中国人失掉自信力了吗》 模仿"我们从古以来，就有埋头苦干的人……"这个语段的句式，用排比和比喻这两种修辞手法写一段话。

（3）想象并改写。训练想象力，训练描写的能力。如：

《狼》 发挥想象，将本文改写成一则白话故事。注意充实内容，增加对人物语言、动作、心理等的描写。

《唐诗二首》（《茅屋为秋风所破歌》《卖炭翁》） 任选一首诗，发挥想象，增加一些细节，改写成一则小故事。

《愚公移山》 从下面两个场景中任选其一，以课文相关内容为基础，发挥想象，写一个片段。不少于200字。①愚公一家和邻家小儿"移山"。②愚公与智叟辩论。

（4）借鉴式写作。学用语言，加深对课文表达形式与表现手法的理解。如：

《济南的冬天》 借鉴课文的某些写法，就你家乡冬天的风景写一个片段。注意抓住特点来写，不少于200字。

《苏州园林》 借鉴本文先总说再分别说明的写法，写一段文字，介绍你曾经游览过的一座公园或建筑。注意抓住其主要特点，有条理地进行说明。不少于300字。

(5) 自由写作。创新写作思维，并增加课堂动笔的趣味性。如：

《植树的牧羊人》 我们所处的社会中也有很多默默"种树"的人，他们以非凡的毅力，辛勤耕耘，种植着希望和幸福。你认识或听说过这样的人吗？试为他写一段文字，记录他的事迹，并写出你的评价和感受。

《寓言四则》 任选课文中的一则寓言，重新设计情节，赋予其新的寓意，把它改写成一篇新的寓言。

《渡荆门送别》 细读诗作，用自己的话描述诗中所写的景色，注意写景视角的转换，体会诗人心境的变化。

(6) 资料性写作。写作难度和训练的意义都很大，也有的练习是放到课外去完成的。如：

《邓稼先》 搜集并整理我国"两弹一星"科学家的资料。任选其中一位科学家，由小组推选一名代表向全班同学介绍。

《说和做》 查阅相关资料，为本文再补充一两件体现闻一多"说"和"做"特点的事例。

《阿西莫夫短文两篇》 恐龙灭绝的原因到底是什么？课文为我们提供了两种假说，其实还有多种相关的假说。课外搜集整理资料，写一篇小短文阐述你的认识，并相互交流。

(7) 赏析性写作。训练学生评价、欣赏的表达能力。如：

《伟大的悲剧》 斯科特在生命的最后一刻，在冰冷的帐篷里，给英国公众写下了一封绝命书。下面摘录的是这封信的一部分，阅读后结合课文内容（有条件的，可在课外查找有关斯科特的其他材料），写一则阅读笔记。

《壶口瀑布》 反复阅读课文第3、4段，品味其语言的妙处，并试着写一段赏析文字。

（8）"活动·探究"单元的写作实践。如：

八年级上册第一单元任务三　必做任务，每位同学写一则消息。

八年级下册第四单元任务二　撰写演讲稿，除了可以借鉴一般的写作手法，还要体现出演讲的特征。

如此丰富的随文读写、课中动笔的训练内容，对于提升教师的教学能力，有着重要的意义：提高了教师细读课文的要求，提高了教师指导教学的要求，提高了教师设计课中实践活动的要求。

# 69. 学会利用精段：统编教材运用九

　　"学会用段"四个字，对语文教师的教学素养而言，涵盖三个方面的含义：一是教师应该具有良好的"用段"的教学习惯，二是教师应该具有精深赏析段落的教材研读能力，三是教师会用课文的精段设计学生的读写实践活动。

　　"学会用段"，实质上是要求教师精选教学内容，突现精读训练。这种意识与方法，已经在统编语文教材的训练要求，特别是教读课文课后的"思考探究"题和"积累拓展"题中充分地表现出来了。如：

　　《春》　看看课文描绘了哪些春日图景。你最喜欢哪一幅画面？说说你的理由。

　　《春》　课文读起来富有童趣，又带有诗的味道，清新，活泼，优美。试找出一些段落细加品味。

　　《从百草园到三味书屋》　朗读并背诵第2段描写百草园的文字，完成练习：①对这一段景物描写的方法做简要分析。②"不必说……也不必说……单是……"中，哪个内容是强调的重点？前两个"不必说"在表达上有什么作用？

　　《邓稼先》　①结合课文，说说对课文最后一段话的理解。②本文分段较多，有时一两句就是一段，简洁精练，铿锵有力。试找一些例子，反复诵读，体会这些语段的表现力。

　　《大自然的语言》　阅读相关段落，体会课文说明事理的严密性，回答下列问题……

　　《背影》　①文章第6段写父亲过铁道买橘子的过程。在这段文字中，作者是怎样描写父亲的背影的？为什么写得这样详细？②第4段写父亲"本已说定不送我"，却"终于决定还是自己送我去"。细读这一段，注意文中的细节，说说你是怎样理解父亲这一举动背后的心理活动的。

　　《白杨礼赞》　①文章开篇入题，紧接着又宕开一笔，用一大段文字描写高原景象。作者描写了怎样的高原景象？这样安排有什么好处？②文章最后一段提到楠木，作者的用意是什么？

《壶口瀑布》 反复阅读课文第3、4自然段，品味其语言的妙处，并试着写一段赏析文字。

《中国人失掉自信力了吗》 读课文第3～5段，看看本文运用了怎样的批驳方式，结合具体内容加以分析。

············

上述部分与"段"有关的思考探究题，多角度地表现了"用段"训练的要求，其细节化的训练内容有：朗读，背诵，概括要点，品析语言的妙处，分析描写的细节，赏析表现的手法，阐释其在文中的表达作用与表达效果等。对学生而言，于读于析于写，它们都体现出了训练的具体角度与要求。

所以，在精读训练中，我们要"学会用段"。

"学会用段"，需要在整体理解全文内容的前提下进行，其教学的最简思路是：文意把握，片段精读。

"学会用段"，需要根据训练的需要或课后"思考探究"题的提示，或选用一个段，或选用相邻的两个段，或选用课文的首尾段，或着眼于课文的人部分段落品析其表达特点等。

"学会用段"，需要注意教材中的特别的"段"，如文言短文，往往一篇短文就是一个段落的形式，对于它们的利用，可以用"多角度整体反复"的方法进行。

"学会用段"，需要教师对段进行用心地、深入地品读欣赏，从教学资源的角度提取其训练价值，从而设计出有训练抓手的课堂实践活动。

请看《济南的冬天》中的重要段落：

最妙的是下点儿小雪呀。看吧，山上的矮松越发的青黑，树尖儿上顶着一髻儿白花，好像日本看护妇。山尖全白了，给蓝天镶上一道银边。山坡上有的地方雪厚点儿，有的地方草色还露着；这样，一道儿白，一道儿暗黄，给山们穿上一件带水纹的花衣；看着看着，这件花衣好像被风儿吹动，叫你希望看见一点儿更美的山的肌肤。等到快日落的时候，微黄的阳光斜射在山腰上，那点儿薄雪好像忽然害了羞，微微露出点儿粉色。就是下小雪吧，济南是受不住大雪的，那些小山太秀气！

它可用的训练角度有：朗读训练，画面命名，层次划分，线索寻觅，字词品味，手法欣赏，美感阐释，作用品析，美段背读……

　　教师若真的能够这样"用段"训练，学生的收获可就太丰厚了。

# 70. 优化教学语言：统编教材运用十

语文教师教学语言的最大弱点，就是缺少学科特点。长期以来，大多数语文课堂教学中，基本上是"家常话"式的表达占主流。

统编语文教材的出现，将优化教师的课堂教学语言的话题提上了"议事日程"。

统编语文教材的编者倾注了极大的精力，优化了整套教材的编写语言，既表现出高层次的专业素养，又显现出高超的语言水平，给人以美不胜收的阅读享受。

如七年级上册第一单元的导语，句式优美，语音清越：

> 日月经天，江河行地，春风夏雨，秋霜冬雪，大自然生生不息，四时景物美不胜收。本单元课文用优美的语言，描绘了多姿多彩的四季美景，抒发了亲近自然、热爱生活的情怀。

如《〈诗经〉二首》的预习提示，情感丰富，情趣盎然：

> 《诗经》中有不少歌咏爱情的诗，或表达对美好爱情的向往和追求，或抒发爱而不得的忧伤和怅惘。这些诗，今天读来仍然会让人怦然心动，获得美的愉悦。诵读这两首诗，用心体会诗中歌咏的美好感情。

如《白杨礼赞》的思考探究，运用术语，点示知识：

> 文章开篇入题，紧接着又宕开一笔，用一大段文字描写高原景象。作者描写了怎样的高原景象？这样安排有什么好处？本文写法有扬有抑，富于变化。试找出相关的段落，体会这种写法的表达效果。

如《登勃朗峰》的阅读提示，章法严整，骈散有致。

> 作者在文中记述了与友人游览勃朗峰的经历，或浓墨重彩，或简笔勾勒，笔法多变，妙趣横生。写上山，用散文笔法，描绘山中奇景，嶙峋的怪石，变幻的光影，引出无限感慨；写下山，以小说笔法，叙述奇人奇

事，惊险的旅途，怪异的车夫，富有传奇色彩。细读课文，或许还能感受到一份别样的幽默。

如《"飞天"凌空——跳水姑娘吕伟夺魁记》的课文批注，言简意赅，容量饱满：

以白云、飞鸟之动衬托她的沉静。

连贯的跳水动作被分解成起跳、腾空、入水三个步骤，逐一描写，犹如慢镜头回放。

展现生动的画面，是新闻特写常用的写法。

侧面描写，满怀自豪。

如课外古诗词诵读《庭中有奇树》的诗意解说，描述精致，语言优雅：

诗作开头写叶绿花盛，本是春日佳景，但一人独赏，反动思念之情。于是，女主人公攀枝折花，欲寄远人。此花若能寄到，也是一种安慰；然而天长地远，相思何处可达？女子执花在手，无语凝伫，任花香盈袖，愁绪百结，终无可奈何，心生感慨：此花虽美，不能相赠，有何可贵？不过更增思念之苦罢了。全诗因人感物，由物写人，抒写情思，通篇不离"奇树"，篇幅虽短，却有千回百折之态，深得委婉含蓄之妙。

…………

似乎统编语文教材的编者所想的是：时时处处，角角落落，都得讲究语言的美，都得讲究书卷之气，都要表现出语文的味道。这对语文教师而言，是极好的暗示与启迪，教师的课堂教学语言，也应该像语文教材中的语言一样：简明、准确、流畅、生动、雅致，表现出专业性、准确性、简洁性、情感性、知识性的特点。

怎样提升我们的课堂教学语言的质量？可以用六个句子来进行点示：

在课文研读中提高自己专业语言的质量。

在习练朗读中提高自己语音音色的质量。

在教学设计中提高自己书面语言的质量。

在读写训练中提高自己授课语言的质量。

在课堂对话中提高自己评价语言的质量。

在具体语境中提高自己情感语言的质量。

最重要的，就是在长期坚持中，想方设法提高自己书面语言的表达质量。有了这方面的基础，并运用于课堂教学中，我们的教学语言就会纯粹起来，优雅起来，丰美起来。

下面是我教学《陋室铭》时的一段课中小结：

"山不"句山水起兴，仙龙为喻。

"苔痕"句写静为动，情景交融。

"谈笑"句虚实结合，以客衬主。

"素琴"句正反相衬，情调清雅。

"南阳"句妙用典故，暗写志向。

"孔子"句巧妙引用，画龙点睛。

这样可以给学生一点儿齐整美、简洁美、雅致美、知识美的感觉。

第八章

探索作文教学

# 71. 整体把握教材的训练要求：作文教学一

语文教师的作文教学能力，是其专业素养的半壁江山；学生的写作能力，是其语文素养的半个天空。可惜这两个方面的"半"，基本上都难以达标。

为了达标，我们需要走一步，再走一步。目前要做的事情就是整体把握教材的训练内容。

统编初中语文教材设计了一套七至九年级的作文训练体系，有助于我们循序渐进地进行日常作文教学。它们照应着阅读教学单元，共有 36 个训练点：

七年级上册　热爱生活热爱写作，学会记事，写人要抓住特点，思路要清晰，如何突出中心，发挥联想与想象。

七年级下册　写出人物的精神，学习抒情，抓住细节，怎样选材，文从字顺，语言简明。

八年级上册　新闻写作，学写传记，学习描写景物，语言要连贯，说明事物要抓住特征，表达要得体。

八年级下册　学习仿写，说明的顺序，学写读后感，撰写演讲稿，学写游记，学写故事。

九年级上册　尝试创作，观点要明确，议论要言之有据，学习缩写，论证要合理，学习改写。

九年级下册　学习扩写，审题立意，布局谋篇，修改润色，对演出进行评议，有创意地表达。

观察这 36 个训练点，可以发现其内在的训练类型大致是：

表达方式训练　学会记事，学习抒情，学习描写景物。

实用表达训练　新闻写作，学写传记，学写读后感，撰写演讲稿，学写游记，学写故事，对演出进行评议。

文体写作训练　写人要抓住特点，写出人物的精神，说明事物要抓住特征，说明的顺序，观点要明确，议论要言之有据，论证要合理。

　　语言表达训练　文从字顺，语言简明，语言要连贯，表达要得体。

　　写作思维训练　学习仿写，学习缩写，学习改写，学习扩写。

　　基本技能训练　思路要清晰，如何突出中心，发挥联想与想象，抓住细节，怎样选材，审题立意，布局谋篇，修改润色。

　　特别项目训练　热爱生活热爱写作，尝试创作，有创意地表达。

　　可以看出，统编语文教材的作文训练体系基本上是合理的，尽管在实用文章写作的训练上欠缺力度，但毕竟这36个训练点的出现，已经在作文训练体系的建立上迈出了一大步。

　　所以，从整体上把握教材的训练要求，对每位教师的教学都有重要意义：全局在胸，细部到位；彼此关联，相互渗透；前后照应，逐步提升。

　　除了对上述内容的整体把握之外，我们还需要了解课文阅读教学中安排的动笔活动。教材中随课设计的一部分练笔训练，种类之多，难度之大，出乎我们的意料，如：

　　七年级上册　《济南的冬天》：借鉴课文写法，就家乡冬天的风景写一个片段。《从百草园到三味书屋》：仿照课文第2段，用200字左右的篇幅，描写一处景物。《寓言四则》：任选课文中的一则寓言，重新设计情节，赋予新的寓意，把它改写为一篇新的寓言。

　　七年级下册　《邓稼先》：小组合作，搜集并整理我国"两弹一星"科学家的资料。《孙权劝学》：将课文翻译为现代汉语。《伟大的悲剧》：结合课文及有关补充材料，写一篇阅读笔记。

　　八年级上册　《白杨礼赞》：选取你熟悉的某个事物，赋予它一定的象征意义，完成一次片段写作。《苏州园林》：写一段文字，介绍你曾游览过的一座公园或建筑。《诗词五首》：结合《雁门太守行》中表现色彩的词语，发挥想象，用自己的话描绘作者呈现的画面。

　　八年级下册　《阿西莫夫短文两篇》：对恐龙灭绝的原因，写一篇小短文阐述你的认识。《壶口瀑布》：品味课文第3、4段语言的妙处，试着写一段赏析文字。《马说》：写一段文字，谈谈你对人才问题的看法，不少于300字。

　　九年级上册　《故乡》：发挥想象，续写宏儿和水生长大后见面的情景，300 字左右。《我的叔叔于勒》：假如菲利普夫妇遇到百万富翁于勒会怎样，写 300 字左右的片段。《智取生辰纲》：结合本文，写一篇《杨志小传》。

九年级下册 《海燕》：试以《海燕的宣言》为题写一段话。《山水画的意境》：运用课文中有关意境的论述，选择一首自己喜欢的古诗词进行赏析。《天下第一楼（节选）》：阅读全剧，参考示例，写一段人物分析，300 字左右。

教师只有像这样整体而详尽地知晓教材中的作文训练要求及细节性练笔的内容之后，才能感受到教学中的压力——我能够胜任如此丰富而有难度的作文教学的任务吗？

为了做称职的语文教师，我们需要尽最大努力提升自己写作教学的能力。

# 72. 深入提炼表达的基本规律：作文教学二

语文教师应该有一双慧眼，能够洞悉文章表达的基本规律，特别是记叙文、说明文、议论文等初中生必写文体的结构规律。给学生点示构思规律是作文指导教学的良方。

这双慧眼是练出来的。练的方法就是对文章进行分类观察，特点感受，规律提炼。

如中小学作文教学中，有一项重点内容是我们常常提及但又没有很好地进行规律提炼的，那就是记叙文写作中的叙议结合。

叙议结合，既可以是记叙与议论相结合，也可以是记叙与抒情相结合。它既是文章的一种章法结构形式，也是一种写作手法的运用。叙议结合的写作技法是大多数人写文章的基本技法，每一位中小学生都应该经受叙议结合写法的反复训练。

叙议结合记叙文写法的常态形式是先议后叙、先叙后议、夹叙夹议。如果我们进一步进行细致的观察与提炼，就可以发现叙议结合记叙文的结构特点主要有如下八个：

①先议后叙，首尾照应。如《植树的牧羊人》《说和做》《叶圣陶先生二三事》都有这样的行文特点。

②叙议结合，精巧点题。如《狼》《赫耳墨斯和雕像者》《蚊子和狮子》都是"故事＋点题"的结构形式。

③叙后抒情，大段直陈。如《背影》《散步》《回忆我的母亲》《邓稼先》都运用了"大段议论抒情结尾"的方法，以深化主旨、浓郁情致。

④叙后之议，升华哲理。如《行路难》《岳阳楼记》《茅屋为秋风所破歌》的结尾部分，都有警句格言式的表达，从而显得哲理动人。

⑤夹叙夹议，章法美妙。如《纪念白求恩》《壶口瀑布》《少年闰土》，都有边叙边议、夹叙夹议的特点，《壶口瀑布》中的重要段落，基本上都是有叙有议的两个层次。

⑥反复穿插，抒发深情。如《白杨礼赞》反复穿插"我赞美白杨树"

这样的抒情句。《安塞腰鼓》反复穿插了"好一个安塞腰鼓"句。它们结构清晰,抒情强烈。

⑦优美表达,深化意境。如《驿路梨花》《海燕》《一棵小桃树》的结尾,都讲究手法的艺术性和语言的优美,以美化、深化文章的意蕴、意境。

⑧角度创新,以叙为议。如《湖心亭看雪》《曹刿论战》《周亚夫军细柳》等三篇文章,结尾之处都是人物的语言描写,其实这就是一种"以叙为议、巧妙点题"手法的运用,看似叙事,其实议论。

如果每一位语文教师都能够像这样把握叙议结合写法的基本构思规律,记叙文的写作就不会给学生"乱花渐欲迷人眼"的感觉,教师对学生的指导就清晰明朗起来,就精致准确起来。

然而仅仅如此还不够,我们还需要继续深化研究。记叙文叙议结合的写法中,最好用、最常用的形式是先叙后议。初中语文教材中经典的古代文学作品,如《岳阳楼记》《茅屋为秋风所破歌》《记承天寺夜游》《答谢中书书》等,都是叙议结合、先叙后议的。初中语文教材中精美的现代文课文,如《纪念白求恩》《走一步,再走一步》《散步》《背影》《壶口瀑布》《白杨礼赞》《回忆我的母亲》《植树的牧羊人》《说和做》《故乡》等,也都是叙议结合、先叙后议的。它们都可以印证规律,优化写作的思维。

在叙议结合结构形态的文章中,我们还可以重点研究"议"的作用。叙后之"议",可以抒发真情,如《荷叶·母亲》;可以点示哲理,如《紫藤萝瀑布》;可以评赞人物,如《邓稼先》;可以美化意境,如《春》。一篇小小的记叙文,有了叙后之"议",便有了点题之味、抒情之味、哲理之味、意境之味、手法之味、结构完整之味。

我们还可以探究叙后之"议"的表达形式与表达角度等,真可谓"路漫漫其修远兮"。

# *73.* 学会分析短文的写作思维：作文教学三

作文教学中对学生进行写作指导的材料基本上都是精短的美文。

对于精短的文章，语文教师也要善于看出"门道"，即分析其构思特点和思维方式。只有这样才能言简意赅、一语中的地给学生点示某种文章写作的要诀。

（1）"两"是短文写作的一种思维方式。即一篇文章由两个部分构成，或先叙后议，或先写景再抒情，或先有观再有感，或先点出事物特点再进行原因阐释，或先引出现象再进行评论，所以，思路清晰、逻辑层次分明的写作才是规范的表达。尤其是文段的结构，大量文段的展开，都与"两个层次"有关。

（2）"三"是短文写作的一种思维方式。普通的就是讲道理、作说明时的"首先，其次，最后"；高雅的就是写景文章或咏物文章的三部曲"引出事物，细致描述，升华哲理"。还有更多的常规思维方式：前后中间，三层描叙；刻画人物，三个故事；描述故事，三个人物；童话故事，三次反复；美化细节，三写情景；立论论证，三用论据；评述评议，三境为妙……"三"既是人们习惯性表达的思维方式，也是严密表达的规范。

（3）"四"是短文写作的一种思维方式。普通的往往是小标题式的"一二三四"形态。经典的莫过于"起承转合"的章法特点，毛泽东的《纪念白求恩》就有如此的味道。雅致的好像是"春夏秋冬"的写作思维。中小学语文课文中，《雨的四季》《四季之美》《四个太阳》《美丽的小兴安岭》都是"春夏秋冬"的形式。读物《千家诗》中大部分歌咏祖国景物的诗歌，都是按"春夏秋冬"的时序编排的。

（4）"五"是短文写作的一种思维方式。①它可以是"五段"式。即一篇文章由五个段落构成，因为有了五个段落，所以详略可以安排，虚实可以安排，正面描写、侧面映衬可以安排，首尾照应也可以安排。写作思维到了"五"的规格，思路文笔就可以灵动起来了。如叶文玲的《我的"长生果"》中有一个故事，就是"五段"式形式：第一段，写自己读书多，作文好；第二段，切入一次作文训练课；第三段，详写自己的作文写得优美；第四段，用语文老师的评价对这次成功的写作进行侧面烘托；第五段，议论，抒情，深化题旨。这样的表达，篇幅精短而笔法生动，是规范而优美的表达形式。

②它可以是"五笔"式。"五笔"式的短文表达形态，是我对大量记叙性短文进行提炼之后的发现。它表现了人们在短文写作中的共同思维规律，特别是国人笔下的精短美文，常常无意之中就呈现出这种表达的形式。

下面以莫怀戚的《散步》为例进行说明：第一笔，轻点一笔，概说事件，如第 1 段；第二笔，交代一笔，介绍原委，如第 2 段；第三笔，简叙一笔，略写事件，如写到一家人在田野上散步；第四笔，详写一笔，写出波澜，如细写"后来发生了分歧"的故事；第五笔，深化一笔，抒情议论，如结尾段的优美抒情。

在经典的散文作品中，朱自清的《背影》表现出来的，也是"五笔"式的思维规律：第一笔，轻点一笔，思念父亲；第二笔，交代一笔，叙说家境；第三笔，简叙一笔，略写父亲送"我"到南京；第四笔，详写一笔，描述"父亲买橘"；第五笔，深化一笔，抒发作者心中的深情。

可以看出，《散步》与《背影》的思维方式是一样的，都是"五笔"式的写作思维。要注意的是，这里所说的"五笔"，不是"五段"，而是五个层次。

再看，杨绛的《老王》表现出来的，也是"五笔"式的思维方式：第一笔，轻点一笔；第二笔，介绍"老王"；第三笔，写"我家"与"老王"的交往；第四笔，写"老王"送香油和鸡蛋；第五笔，深化意味，表达"我"的深深"愧怍"。

"五笔"技法的魅力，其关键是表现出人们在写作中的共同思维规律，因此行文自然流畅、详略有致、结构完美。这最为美妙的地方就是"规律"。有了规律，就有了规矩；有了形态，有了技巧，就有了训练的效率。

当我们能够比较熟练地分析短文的思维方式时，是不是有点庖丁解牛的味道呢？

# *74.* 养成范文引路的教学习惯：作文教学四

　　在指导语文教师发展专业能力、提高教学技艺方面，我曾经提出八"用"策略：①用"整体反复"法提升教材研读的能力；②用"一课多案"法提升教学设计的能力；③用"优化细节"法提升课堂教学的能力；④用"积累范例"法提升训练指导的能力；⑤用"专项研究"法提升教学科研的能力；⑥用"读书笔记"法提升坚持治学的能力；⑦用"千字短论"法提升文章写作的能力；⑧用"教学实验"法提升教学创新的能力。其中的用"积累范例"法提升训练指导的能力，就与作文教学有关。

　　一位语文教师，如果能够长期坚持披沙拣金，积累大量作文范文并分类积聚，在对学生的每一次作文指导教学中都运用范文引路的教学策略，就有可能使学生对文章的构思有特别明晰的观察与感受，从而确保作文指导课的质量。

　　所谓"范文引路"，就是在作文训练中，用3～5篇精心挑选的精短美文作为范文，让学生通过感受其构思特点与展开角度，从而进行比较规范的构思写作。范文引路做法的好处主要有三点。第一，学生在课堂上能够面对具体的语言材料，有显性的活动抓手，所以能真正参与阅读、分析与欣赏的活动。第二，教师可以此组织学生进行集体分析研讨活动和师生对话活动，让学生对范文所表现出来的写作技巧有切实的品味。第三，可以促进教师的范文积累及细心备课。

　　将范文引路的思想与方法用于作文构思指导，主要有两种角度。

　　（1）用多篇范文证明某种构思方式是规范的、通用的、可行的。

　　如我执教的"学一点儿'咏物'技巧"的作文构思指导课，选用了《蝉》《贝壳》《紫藤萝瀑布》《荷叶·母亲》四篇范文，引导学生体味这四篇文章的展开思路基本上是一样的：首先引出事物，接着描述事物，最后进行抒情，这叫作咏物抒情类文章构思与表达的三部曲。这四篇范文印证了咏物抒情类短文的一种规律性的表达：引出事物，描述事物，因物抒情。在此基础上我进一步阐释：

第一，选择自己的一种心爱之物、美好之物或熟悉之物，展开联想，思考怎样在它身上融入并抒发指向明确的情感，然后在文章的开篇用生动简洁的语言"引"出它。

第二，运用拟人化或比喻式的写法，对所托之物进行精细的描写，努力表现出它的外貌形态之美及内在精神之美，并使这种描写向着自己的抒情意图贴近。

第三，在足够的描写之后，顺势进行符合自己立意方向的抒情，表达自己的赞美之情或真切感受。

如果我们将咏物抒情类文章中的"抒情"在写作中再特意强调一下，由"情"向"理"升华，我们就运用了"托物寄意"的写法，即通过抒写事物的方式点明或者抒发一个道理，乃至升华出一个哲理。

有了这样切实的指导，学生再次构思咏物抒情类的文章时，就不会有方向模糊之感。

（2）用多篇范文点示某种写作对象的构思形式不仅是多样的、变化的、可行的，而且是规范的。

如我执教的"学写一篇游记"的作文构思指导课，选用了《颐和园》《观潮》《长城》《海上日出》四篇范文。师生研讨、交流后，我对学生进行了这样的点拨：

《颐和园》告诉我们这样构思：游踪明晰，移步换景；一处一处地写。

《观潮》告诉我们这样构思：定点观察，情景变化；一时一时地写。

《长城》告诉我们这样构思：略有游踪，先叙后议；一实一虚地写。

《海上日出》告诉我们这样构思：暗示游踪，专写一景；一次一次地写。

有了这样切实的指导，学生再次写作游记类文章时，就会角度精致，构思精巧且章法各异。

范文引路的作文教学理念，真正将教学指导落到实处，真正让作文指导课的内容饱满起来，真正让学生的活动充分起来。

# *75.* 加强记叙文写作训练研究：作文教学五

记叙文的写作训练研究，永远是美好的语文园地。

加强初中记叙文写作训练研究，主要有五个关注点：①三年的作文训练点的安排；②作文训练资料的积累与编纂；③文章写作与构思规律的提炼；④记叙文写作训练中难点的突破；⑤阅读教学中记叙性微写作的形式。任何一个关注点的研究都并非易事，都能给我们带来研究的乐趣。其中最重要的是加强对写作训练点的研究。

比如，河北省中语会 1987 年编写的一套初中作文指导书籍中，就初中三年的记叙文写作训练设计了 22 个训练点：

①记叙的要素；②记叙的顺序（顺叙）；③记叙的顺序（倒叙）；④记叙的顺序（插叙）；⑤记事写人（选取典型材料）；⑥记事写人（正面描写和侧面描写）；⑦记事写人（记叙的详略）；⑧记事写人（细节描写）；⑨记事写人（前后一贯，首尾一致）；⑩写事记人（选好记叙的角度）；⑪写事记人（叙事抒情）；⑫写事记人（环境的描写）；⑬记叙的线索；⑭记叙、描写、议论、抒情；⑮新闻；⑯记事写人（场面描写）；⑰托物言志；⑱夹叙夹议；⑲人物描写（语言描写和行动描写）；⑳人物描写（肖像描写和心理描写）；㉑人物描写（综合训练）；㉒记叙文写作的综合训练。

这个训练序列布点精细，覆盖全面，重视技能训练，能力层次清晰，即便在今天也很有实用价值。

比如，人民教育出版社曾经编写过一套阅读与写作"分家"的初中语文教材，对记叙文的写作训练，三年中共安排了 20 个训练点：

①交代清楚记叙的要素；②生活中的见闻（观察选材）；③写一次参观、访问活动；④描写景物；⑤叙述事情谈点看法；⑥选用片段材料写人（围绕中心）；⑦写一件新事；⑧写一篇游记（详略）；⑨写童话故事（想象，记叙，描写）；⑩写一个熟悉的人；⑪报道先进人物或有意义的事；

⑫写一个意志坚强的人；⑬写物寄意；⑭记叙自己深受感动的事；⑮记叙比较复杂的事情；⑯一事一议；⑰写借景抒情的记叙文；⑱用几件事写一个人；⑲在记叙中穿插议论；⑳在记叙中抒情。

这套训练内容覆盖的能力层面比较宽广，重视与生活的紧密关联，显得科学有序。

我曾经给很多初中语文教师建议，初中三年记叙文写作训练可以安排如下18个点：

①写好身边的一件事（含要素、顺序、详略）；②写好"我的一天"；③写好"我的家"；④写好我的一个故事或几个故事；⑤通过一件事写一个人；⑥通过一件事写几个人；⑦通过几件事写一个人；⑧记叙文的开头（15种方法）；⑨记叙文的结尾（15种方法）；⑩叙议结合（含记叙文中的议论与抒情、夹叙夹议）；⑪记叙文的横式结构；⑫游记（参观、访问记）；⑬在记叙文中穿插景物描写；⑭在记叙文中穿插细节描写（外貌、语言、心理）；⑮记叙文的语言美；⑯记叙文的手法美（含"抑扬""线索"）；⑰记叙文的外观形态美；⑱写托物言志或即景抒情的文章。

这个训练序列重视写作技法的训练，在"点"的安排上注意创新，有比较好的训练效益。

为了加强记叙文的写作训练研究，在统编语文教材已经安排出36个训练点的基础上，我们仍然要在研究、创新与务实上多下功夫。统编语文教材中有些内容，比如仿写、缩写、改写、扩写等训练的层次不高，还有一些比较重要的写作训练点难以顾及，这些都需要我们观察与思考，尽可能地提高记叙文写作训练中的"性价比"。

我曾经畅想过，七年级整个学年全部用来训练记叙文的基础写作能力，于是有了如下安排：

七年级上学期

第一单元：展开丰富的想象

第二单元：记叙的要素

第三单元：从自我写起

第四单元：写好身边一件事

第五单元：写好身边几件事

第六单元：记叙顺序（一）顺叙

第七单元：记叙顺序（二）倒叙

第八单元：记叙顺序（三）插叙

七年级下学期

第一单元：记叙的开头

第二单元：写人记事技巧训练（一）选取典型材料

第三单元：写人记事技巧训练（二）正面描写与侧面描写

第四单元：写人记事技巧训练（三）记叙的详略

第五单元：写人记事技巧训练（四）细节描写

第六单元：写人记事技巧训练（五）一事一议

第七单元：写人记事技巧训练（六）新颖的构思

第八单元：记叙文的结尾

这种探索带有一点儿苦心孤诣的味道，对学生或许有些好处。

# *76.* 重视对说明文的写作发现：作文教学六

说明文尽管被称为三大文体之一，但语文教师对说明文的写作训练研究，还真的是涉之过浅。即使是统编语文教材，对初中说明文的写作训练，也只安排了两次。这恐怕远远不够。

因此，我们需要认真地研究，有味地发现，精心地充实。比如：

（1）可以发现变化多姿的"说明"角度与形式：比喻式地说，排比式地说，比较式地说，评价式地说，议论式地说，描绘式地说，阐释式地说，举例式地说，赞美式地说……下面就是"议论式说明"的语例：

没有修剪得像宝塔那样的松柏，没有阅兵式似的道旁树：因为依据中国画的审美观点看，这是不足取的。

（《苏州园林》）

（2）可以发现说明文写作中的"假设情景开头法"：

夜深了，从一座陈列珍贵字画的博物馆里，突然传出了急促的报警声。警察马上赶来，抓住了一个划破玻璃企图盗窃展品的犯罪嫌疑人。你也许不会相信，报警的不是值夜班的看守，而是被划破的玻璃！

（《新型玻璃》）

（3）可以发现说明文写作中的侧面烘托手法：

早在13世纪，卢沟桥就闻名世界。那时候有个意大利人马可·波罗来过中国，他的游记里，十分推崇这座桥，说它"是世界上独一无二的"，并且特别欣赏桥栏柱上刻的狮子，说它们"共同构成美丽的奇观"。

（《中国石拱桥》）

（4）可以发现说明文语段的优美结构：

天上的云，真是姿态万千，变化无常。它们有的像羽毛，轻轻地飘在空中；有的像鱼鳞，一片片整整齐齐地排列着；有的像羊群，来来去去；

有的像一床大棉被，严严实实地盖住了天空；还有的像峰峦，像河流，像雄狮，像奔马……

（《看云识天气》）

（5）可以发现说明文写作中常用的八种结尾方式：总结式，补充式，展望式，照应式，议论抒情式，描绘式，自然收束式，引申升华式。下面就是"展望式结尾"的一个例子：

回顾20世纪的百年历程，科学的确创造了一个又一个神话，为人类创造了比以往任何时代都要美好的生活。在新的世纪里，现代科学技术必将继续创造一个个奇迹，不断改善我们的生活。

（《呼风唤雨的世纪》）

（6）可以发现说明文写作构思中的奇妙思维方式：分步骤说明，分要点说明，分部位说明，分主次说明，分类别说明，分表里说明。用这样的思维方式角度指导学生写作构思，往往可以取得立竿见影的效果。如"分部位说明"的语例：

从保和殿出来，下了石级是一个长方形小广场。广场西起隆宗门，东到景运门。它把紫禁城分为前后两大部分。广场以南，主要建筑是三大殿和东西两侧的文华殿、武英殿，叫"前朝"。广场北面乾清门以内叫"内廷"，是皇帝和后妃们起居生活的地方，主要建筑有乾清宫、交泰殿、坤宁宫和东六宫、西六宫。

（《故宫博物院》）

（7）可以发现新的文章类型。如"风情说明文"：

……时至今日，各地仍然保留着丰富多彩趣味盎然的夏至节日食俗。在我居住的南方城市，此时令习惯吃三鲜：地三鲜是苋菜、蚕豆和杏仁；树三鲜是樱桃、梅子和香椿；水中三鲜为海丝、鲚鱼和咸鸭蛋。而在北方老家，这天时兴吃面条，大部分地区要吃凉面条，俗称过水面（也有的地方吃热面条，俗称汤面），既可以尝新庆丰收，又可以讨一个长长久久的吉利，此俗延续至今。所以民间普遍流传着"吃了夏至面，一天短一线"的说法。

（卢恩俊《夏至吃面》，原载于 2017 年 6 月 23 日《光明日报》）

（8）可以发现新的训练路径，如说明文的"导游解说构思法"，即介绍风光风景、地理知识、旅游路线的说明文，可用"导游解说法"。如范文《从宜宾到重庆》。

用"导游解说法"写成的说明文，其主要特点是好像作者面对读者说话一样，自然生动，娓娓亲切，在导游解说中将读者引入美好的意境，留下"游览"的余味。其构思的大致要领是：①顺序而写；②突出景点；③适当穿插；④融之以情。要特别注意自然恰切地运用穿插手法，穿插地方风土人情，穿插有关故事传说，穿插名人语录，以及作者的抒情议论等，以表现出雅俗共赏的韵味。

…………

发现，有时候能带给我们雨后春笋般的喜悦与收获；发现，能让语文教学的细节更加灵动丰美。

# 77. 训练议论文写作的基本功：作文教学七

如果要追求较好的训练效果，初中生的议论文写作训练需要具备两个前提：一是教师有比较好的议论文教学能力；二是教师要关注学生写作基本功的训练，重视形式简明、规范的文章写作。

下面是教师对学生进行议论文基础写作入门训练时用的一篇范文：

## 滴水穿石的启示

水滴的力量是微不足道的，可是它目标专一，持之以恒，所以能把石块滴穿。如果我们也能像水滴那样，还有什么事情做不成呢？

明代著名医药学家李时珍，从小立志学医。他翻山越岭，走遍了大半个中国，访名医，尝药草，经过二十几年的不懈努力，终于写成了药学巨著《本草纲目》。

美国发明家爱迪生，没有受过正规教育，幼年就自谋生计，当小贩、报务员等。但他迷恋电学实验研究，毕生孜孜不倦，竟拥有白炽灯、留声机、碳粒电话筒、电影放映机等一千多项发明专利权！

现代著名书画家齐白石，在他数十年的艺术生涯中，始终没有停止过挥毫作画。他的画室里，挂着他用以自勉的条幅："不教一日闲过。"就是到了晚年，也仍然坚持每天作画三幅。正是因为白石老人坚持不懈地创作，他的技艺才达到炉火纯青的境界……

你看，古今中外所有成就事业的人，在前进的道路上，不都是靠着这种"滴水穿石"的精神，才"滴穿"一块块"顽石"，最终取得成功的吗？

我们要铭记"滴水穿石"给予我们的启示：目标专一而不三心二意，持之以恒而不半途而废，就一定能够实现我们美好的理想。

（节选自苏教版小学语文五年级上册教材）

对这篇范文，我们可以进行如下技法的提炼：

①生动简明的起笔，提出论点或论题；②有序地连用三个事例来论

证观点；③三个事例真实、经典；④三个事例覆盖古今中外的角度；⑤三个事例中人物的身份、职业、事迹有明显的区别；⑥叙例时语言精练、生动、准确；⑦叙例之后再讲一两句道理；⑧结尾段紧扣论题，照应篇首。

指导学生知晓并实践这些技法，就是对学生进行扎实的基本功训练。

下面是教师对学生进行议论文基础写作入门训练时用的另一篇范文：

## 读书再读书

为什么会有那么多人喜欢读书？因为：

读书使我们视野开阔。我没有去过非洲，没有到过南极大陆，但我却领略过非洲大陆的美丽风情，为南极洲的圣洁天地深深陶醉，这是因为读书让我身临其境。

读书使我们情趣高雅。初春，当我在晨光中吟诵泰戈尔的《金色花》："假如，我变成了一朵金色花，为了好玩，长在树的高枝上，笑哈哈地在风中摇摆，妈妈，你会认识我吗？我感觉有花瓣儿正悄悄地在我心中开放，并潜入我的气息。

读书使我们美丽。书一本一本地读，时光一年一年地溜走，蓦然抬头，那份书卷气已从内心悄然映在脸上。是啊，还有什么比书卷气更让人赏心悦目的呢？

读书使我们思想深邃。它帮助我们在别人的思想上建立自己的思想，当我们在阅读的时候，已经把别人的智慧"偷"过来装在自己的头脑中，多好！我们本来天生只有一个头脑，是读书让我们又多了一个头脑。

更为重要的是，读书能使我们多活几度生命。不读书的人，只有一次生命，他充其量只能过一辈子。读书，使我们拥有丰富的人生：过去，现在和将来。

读书真让人受益无穷，所以，亲爱的小读者，请你从看电视、看卡通漫画、玩游戏机的时间中务必抽出时间来读书。别忘了，"书是奇迹"，如果你也想让自己的生命发生奇迹的话，那就去读书再读书——为了明天不致懊悔，让我们快快来捡宝石噢。

（节选自沪教版小学语文五年级上册教材）

对这篇范文，我们可以进行如下技法的提炼：

①文章的标题可以是中心观点；②可以开门见山地提出观点；③用一个中心句，领起第 1 段；④用一个中心句，再领起第 2 段；⑤用一个中心句，领起第 3 段；⑥再用一个中心句，领起第 4 段；⑦然后更加深入一层，讲一点儿道理；⑧最后一段照应前文，生动收笔，明确地表达观点；⑨段的写作，可以用自己的事例，也可以抒情议论；⑩语言简明、生动、有情。

# 78. 尝试文学作品的写作训练：作文教学八

尝试对学生进行文学作品的写作训练，也是有据可依的。

统编小学语文教材中有为数不少的文学作品课文，包括小说。统编小学语文教材五年级下册第二单元有"人物描写一组"的小说片段赏析。统编初中语文教材九年级上册有"尝试创作"的作文训练。统编高中语文新的必修教材有八次作文训练，其中就有"诗歌试作""散文试作""小小说试作"三次训练。

尝试在初中阶段进行寓言、童话、现代诗歌、微型小说的写作训练，不仅可以与小学、高中的语文教学产生双向的关联，而且可以提高语文教师的文学修养、鉴赏能力与表达水平。这种提高就表现在"增强学问背景"和"提升专业水平"之上——因为要指导学生写作，必然需要提高语文教师的赏析能力。

以微型小说的写作指导为例来说说教师应该关注的重点。

如果我们将统编语文小学六年级上册课文《在柏林》作为范文，从写法上可以进行怎样的赏析与提炼呢？

## 在柏林

一列火车缓慢地驶出柏林，车厢里尽是妇女和孩子，几乎看不到一个健壮的男子。在一节车厢里，坐着一位头发灰白的战时后备役老兵，坐在他身旁的是个身体虚弱而多病的老妇人。显然她在独自沉思，旅客们听到她在数着"一、二、三"，声音盖过了车轮的咔嚓咔嚓声。停顿了一会儿，她又重复起来。两个小姑娘看到这奇特的举动，指手画脚，不假思索地嗤笑起来。一个老头狠狠扫了她们一眼，随即车厢里平静了。

"一、二、三"，这个神志不清的老妇人又重复数着。两个小姑娘再次傻笑起来。这时，那位灰白头发的战时后备役老兵挺了挺身板，开口了。

"小姐，"他说，"当我告诉你们这位可怜的夫人就是我的妻子时，你们大概不会再笑了。我们刚刚失去了三个儿子，他们是在战争中死去的。

现在轮到我上前线了。走之前，我总得把他们的母亲送进疯人院啊！"

车厢里一片寂静，静得可怕。

这篇短文具有微型小说最基本的特征。它具备十"有"的特点：

①有简单的人物关系；②有具体场景的安排；③有人物出场的描写；④有人物的外貌、语言、神态的细节描写；⑤有故事的情节波澜；⑥有整篇小说的开端、发展、高潮与结局；⑦有悬念的设置；⑧有正面的描写与侧面的映衬；⑨有实写与虚写；⑩有故事情节的陡转，还运用了"伏笔"手法和"渲染"手法。

有了这样的认识，在指导学生学写微型小说时，教师才有可能说出一点儿内行的话，否则，连纸上谈兵的资格都没有。所以说，为了尝试对学生进行文学作品的写作训练，教师需要提升自己的水平，其实受益的还是教师自己。

下面我们再看一篇微型小说：

## 鞋
/ 王伟 /

一天，两天，一个多月过去了，每当日落西山的时候，小鞋匠都忍不住要向路口张望，希望能从落日的余晖中看到那个高大的身影出现。但是，他没有看到。

又是一个傍晚，一位瘦瘦的军人来到修鞋摊旁："一个多月前，是不是有位大个子军人来这儿修过一只皮鞋？"

"啊……对呀。"

"要付你多少钱？"

小鞋匠略一沉思，说："修鞋费一块五，外加一个月的保管费五毛，您给两块钱得了。"

军人把两元钱递给他，小鞋匠收好钱后，问："怎么大个子没来？"

"他……上前线去了。"说完，军人转身要走。

"哎，"小鞋匠提起那只鞋，赶忙喊道："鞋子，鞋！"

军人止住了脚步，用低沉的声音对小鞋匠说："用不着了，他的双腿，已经在前线医院里……他特意来信嘱咐我把钱送给你，谢谢你了！"说完，迈着大步走了。

（摘自凌焕新《微型小说美学》）

这篇微型小说同样具备上述十"有"的特点。只不过其表现手法更加高妙一些，主要人物"大个子军人"并没有出场，全文用侧面映衬的手法，从虚写的角度，表现了他的美好心灵。

如果再寻觅到一篇，加上前面两篇微型小说，这三篇"范文"就可以形成一个教学的详案。如果教师能够这样引导学生进行赏析与技法提取，学生微型小说的写作能力就可以大大提升。

诗歌、散文的写作训练，"同理可证"。

# 79. 关注中考作文的细致指导：作文教学九

语文教师关注中考作文的细致指导的过程，实际上是经受了一次全方位的作文教学技能的历练。

可以用八句话来概说中考作文复习中的细致指导：

①制订科学、简洁、全面的复习计划；②对每个作文训练点都要设计出教学详案；③要精选足够数量的优质范文；④落实对所有考生"叙议结合"构思方法的基础训练；⑤优化对所有考生"写好自己身边一件事"的精致训练；⑥特别关注"立意美""语言美""作文形态美"的训练；⑦落实对各类文体表达技法的训练；⑧重视对作文弱势学生的"把篇幅写长"的特别训练。

可见中考作文指导的项目之多，难度之大，要求之高。

再看具体操作时的内容之细。只有经过细心策划的复习备考计划，才能够让训练的目标明确起来。下面六种计划形式，各有不同的目的和角度：

计划一——全面覆盖的训练：写"事"训练（写好一件事或几件事）；写"我"训练（写好自己）；写"他"训练（写好别人）；写"景"训练（写好景物）；写"感"训练（写好感悟、感受、感想）；写"思"训练（写好想象作文）；写"理"训练（写好议论文）；写"物"训练（写好说明文）。

计划二——基本技法的训练：审题与拟题，选材与立意，布局与铺展，开头与结尾，写句与写段，叙述与描写，议论与抒情，新题型作文的写作，写有创意的中考作文。

计划三——实用表达的训练：个人成长类作文训练，亲情友情类作文训练，社会生活类作文训练，说明议论类作文训练，吟咏畅想类作文训练。

计划四——突现重点的训练：将文题审准，将立意写新，将结构写活，将语言写美，将情意写深。

计划五——精于结构的训练：起笔收笔之美，叙议结合之美，详略有致之美，承接过渡之美，旁逸穿插之美，正侧手法之美，诗意小段之美，横式结构之美。

计划六——着眼升格的训练：选材立意训练，文章结构训练，语言表达训练。

…………

只有经过认真提炼的文章构思技法的点拨，才能够让考生开阔眼界、思维灵动：

对学生进行记叙文结构美、形态美的专题训练——叙议结合，首尾照应，一线串珠，时序清晰，空间顺序，"三"的结构，起承转合，画面组合，横式结构，反复穿插，自然留空……

只有经过精心选择的写法精致的短文，才能够起到有力的示范作用：

## 观舞记

朋友，在一个难忘的夜晚——

帘幕慢慢地拉开，台中间小桌上供奉着一尊湿婆天的舞像，两旁是燃着的两盏高脚铜灯，舞台上的气氛是静穆庄严的。

卡拉玛·拉克希曼出来了。真是光艳地一闪！她向观众深深地低头合掌，抬起头来，她亮出她的秀丽的面庞和那能说出万千种话的一对长眉，一双眼睛。

她端凝地站立着。

笛子吹起，小鼓敲起，歌声唱起，卡拉玛开始舞蹈了。

她用她的长眉，妙目，手指，腰肢，用她髻上的花朵，腰间的褶裙，用她细碎的舞步，繁响的铃声，轻云般慢移，旋风般疾转，舞蹈出诗句里的离合悲欢。

我们虽然不晓得故事的内容，但是我们的情感，却能随着她的动作，起了共鸣！我们看她忽而双眉颦蹙，表现出无限的哀愁；忽而笑颊粲然，表现出无边的喜乐；忽而侧身垂睫，表现出低回婉转的娇羞；忽而张目嗔视，表现出叱咤风云的盛怒；忽而轻柔地点额抚臂，画眼描眉，表演着细腻妥帖的梳妆；忽而挺身屹立，按箭引弓，使人几乎听得见铮铮的弦响！像湿婆天一样，在舞蹈的狂欢中，她忘怀了观众，也忘怀了自己。她只顾使出浑身解数，用她灵活熟练的四肢五官，来讲说着印度古代的优美的诗歌故事！

（节选自人教版七年级语文下册教材）

这篇范文：

首先有极好的"一句话开头"方式。

第二段进行场景描写、背景烘托。

接着写人物的出场，进行音乐的渲染与铺垫。

然后略写舞蹈家开始了她的旋舞。

顺势而下是详写，是抒情式描写，尽情地表现着舞蹈家的艺术和作者的赞美。

最后是评价、议论、抒情。

这是一篇结构优雅、铺垫到位、详略有致、描写精彩、叙议结合的在一个场景中表现人物的优质范文。

如果像这样关注中考作文的细致指导，就可以练就语文教师的钢筋铁骨。

# *80.* 拓宽写作训练的研究视野：作文教学十

拓宽初中作文训练的研究视野，既有助于提升教师作文教学的综合素养，又有利于给予学生更多的练笔方式。这种研究视野的拓宽，主要有三项内容：一是阅读教学的课中微文写作类型研究；二是中考小作文复习指导研究；三是学生终身受用的与个人生活、社会生活密切关联的微型写作训练研究。

我们最缺乏的就是第三项内容的研究，几乎没有人关注。

其实统编初中语文教材已经提醒我们了，在八年级上册到九年级下册的四个"活动·探究"单元中，已安排了新闻采访、新闻写作、编辑新闻网页、撰写演讲稿、创作小诗、写诗歌赏析文字、演出与评议等若干对提升学生写作能力有重要作用的训练内容。

那么如何对第三项内容进行更为细致的研究呢？思维方式是关注社会生活所需要的微型实用写作。操作方式是对一份纸质读物或一份报纸进行长期的观察，筛选出对学生现在及未来有提高语文素养作用的写作训练内容，然后设法落实这些训练内容。

我对国内几家日报进行了长期的观察，筛选出如下可以有选择性地进行微型写作的训练项目：

小小故事，作品介绍，发言摘录，读书摘记，时事短评，赛事报道，新闻特写，读后随感，器物说明，节日祝词，会议侧记，人物风采，图书短评，科普微文，采访手记，诗意散文，人物评说，成长简史，体育评论，对联简析，美食推荐，生活随笔，成语故事，民俗简说，简明统计，展览介绍，晚会评论，影视微评，校训解说，节目串词，编者按语，解说词，颁奖词，工艺简介，人物小传，人物群像素描，美术作品简评，摄影佳作欣赏，学写精美小诗，进行童话编写，创作微型小说等。

试想，如果有这样一些微型写作训练，哪怕只有以上五分之一的分量，都不失为有用的、有趣的尝试。而经过这些内容训练的学生，一定会眼界不同，情趣不同，思维方式不同，表达水平不同，适应能力不同。

试想，如果有这样一些微型写作训练，那么对语文教师又是多么有力的促进呀。教师需要积攒范文，需要设计教学，需要实施教学，特别是需要对学生进行准确的指导。每一项都有难度，每一项都耗时间，但尝试过有关内容的教师，教学境界一定不同。

这种理想的境界是我们的奋斗目标，其中最难做而最需要做到的仍然是范文的积累。

如 2014 年，为纪念中国共产党成立 93 周年，"七一"期间新华社集中刊发"百位共产党人百篇小传"，用文言文为一百位优秀共产党员做传⋯⋯

下面是摘取的两篇人物小传：

邓稼先（1924—1986，1956 年入党）

邓公者，名稼先也。安徽怀宁人。少时聪颖，博学而多闻。恰逢救亡之际，慨生报国之心；遂入滇求学，赴美深造，终抱归国之志；正适待兴之日，且献许国之身。及此，隐名茫茫戈壁，自强不息；举步漫漫长路，奋起直追，终赢来蘑菇云腾，崛起民族之魂。嗟乎！两弹元勋，忠义之大者，共产党人，冠德千钧。（作者：叶子彤）

钱学森（1911—2009，1959 年入党）

钱学森，浙江临安人也。少学有成，远赴重洋，参物理之奥，诠动力之道。至新中国，百业待兴，赤子归心似箭，遂历经艰险，万里归来。以高新科技，振古老民族。宏论精研，呕心沥血，十年磨剑，一朝凌云。誉中国航天之父、火箭之王，获两弹一星功勋奖章。其则淡泊名利，至耄耋未忘忧国，不愧中华之脊梁也。（作者：王家安）

这无疑都是极好的、难得的、有多方面作用的范文范式。

语文教师的修炼，就是在这样创新务实的教学实践中一步一步地进行着。

往前看，任重而道远；向前走，满眼都是语文教学研究的风景。